# 雁荡大厦

冯纪宁　著

文匯出版社

谨将此书献给我的父母

# 主要人物表

按出场顺序

**吴国斌：** 企业家，工业设计师

**方宇：** 电脑工程师

**班花孟卿卿：** 外服公司职员，幼稚和私校业主，幼儿教育学博士

**郭俊：** NYU 留学生，文化局干事

**汪颖：** 吴国斌前妻，美国医院的护士，后嫁给印度和英国人的混血儿，医生

**温芝芳：** 外语学院英语毕业，嫁给德国人

**马东方：** 吴国斌同事

**许世坚：** 吴国斌同事

**钟盛：** 铁路工程师，留德归国

**蒋树宝：** 历史教授

**丁荣（大头丁）：** 建筑设计师，旅游公司老板，酒店连锁店老板

**胡懿愍：** 丁荣之妻，财贸学院毕业。

**付涛：** 卿卿男友，音乐学院毕业。乐团小提琴手。

**Markus Zimmermann（马科 · 齐默尔曼）：** 温芝芳的男友，汽车公司工程师，

**Mann Hartsmann（曼 · 哈茨曼，“大魁头”）：** 汽车公司员工

**Davis Reed（戴维斯 · 里德）：** 美国飞机工程师

**Tony Lee（托尼 · 李）：** 美籍华人，香港人，美国公司雇员

**汪青山：** 汪颖父亲，公安局政保处负责人

**吴生力：** 吴国斌父亲，某厂保卫科长

**支同鑫（英文名：汤姆）：** 翻译，吴秀华丈夫，南下创业成功者

**王晓萍：** 大学生，嫁给黑人，后得病回国，食品外送公司老板。

**王晓玲：** 王晓萍之妹

**王晓勇**：王晓萍之弟

**王晓军**：王晓萍之弟

**贾敏**：电影厂工作,演艺圈人士。

**郭涛**：郭俊小阿哥

**郭平**：郭俊大阿哥

**吴秀华**：吴国斌的妹妹,

**汪敬**：汪颖的哥哥

**朱茵**：贾敏太太,戏曲演员。

**张小兵**：畜牧和环境专业博士,某学生会主席

**古西安(英文名,肖恩)**：农林经济管理专业留学生,归国参加工作

**陈波(英文名,查尔斯)**：工商管理硕士

**陶娥娣**：王晓萍之母,里弄生产组人员

**王德福**：王晓萍之父,电工,残疾

**Gwen Dixon(惃·迪克孙)**：美国电焊工,王晓萍前夫

**华人经理**：日落汽车旅馆老板

**阿立**：饭店企台

**金姐**：餐馆老板

**小赵**：餐馆前台

**皇甫铭**：黄虹的丈夫,医生

**大西裕志(Richard Onishi Hiroshi)**：美国医院医生,汪颖的男友。

**黄虹**：医生

**马瑞秋**：加州华人地产经纪

**向建国**：京深国际贸易公司(集团)副总

**陈卫君**：经济学博士

# 1

“我对这个拆迁非常生气，这些人怎么拎不清。这个地方又不是私人的。它是大家的公共财产。现在好了，房子造起来了，游泳池没了。现在除了建国游泳池，附近没有游泳池了！‘增强人民体质’，怎么增强法？”他这样讲，转脸望了方宇一眼，好像是问方宇同意他的看法。

吴国斌所说的“拆迁”指的是原复兴公园附属的一个游泳池。这个游泳池是方圆好几里内唯一的一个公共游泳设施。夏季来临时，这个拥有八泳道的池子从早到晚总是挤满了游泳爱好者。去游泳池游泳是要买票才能进人的。一小时为一场，每场都规定人数。比方，你想在早上九点游泳，若是去晚了，或者票卖完了，你就只能买下一场十点到十一点的游泳票。因为吴国斌经常去这个游泳池游泳，所以，对它有特殊的感情。原本这是公园的一部分，80 年代中期，这个游泳池的土地廉价卖给了一个海外投资者。不久，在游泳池原址上矗立起本市第一栋可以买卖的侨汇公寓楼房。没有这个“就近”的游泳池，吴国斌就需要到较远的建国游泳池去游泳，或者要坐车去市跳水池游泳了。

方宇只好尴尬地点头：“可能公园没钱了呗。”

“No, no, no!（不，不，不!）”他一连用了好几个“No”来表达他的愤怒。“啥叫没钱了？每个月卖掉的游泳票就够他们开销了。你说对吗？我替你算算，游泳票 8 分钱一张，从早到夜，早场是六点钟开始，夜场最后一场是 10 点到 11 点。每晚七点以后就算夜场，票价是一角一张。我们此地那么多人，如果会做生意的，还可以卖一点宵夜和游泳衣、游泳裤之类的体育用品，我保证不会亏本的。现在好了，碰到赤佬了！家底儿都送人了。你说笨不笨嘛！猪头三牲（生）的。”

方宇只好安慰他：“卖也已经卖了，再说也于事无补。”方宇抬头看了一眼巍峨耸立的二十好几层的大厦：“如果你有本事就买一套，否则，讲再多也是废话。”方宇怼了吴国斌一句。

“买一套？三万多块，哪来那么多钱？”

确实是的。吴国斌的工资只有几十块一个月，要吃穿用住，柴米油盐酱醋茶，三万多块钱他一辈子恐怕也不可能攒到。

方宇望望蝈蝈，蝈蝈是吴国斌的绰号，叫他“蝈蝈”一是因为他名字里有“国”字，“国”与“蝈”同音；二是因为他小时候喜欢玩蝈蝈。以前菜场里一早有乡下进城的小贩，把各式蝈蝈放在一只只小小的竹盒子或者小笼子里叫卖，因为这些原因，大家叫他“蝈蝈”，叫惯了他自己也不介意了。

“再说了，你就是有钱也不一定卖给你。人家里边住的都是有'档次'的。”方宇故意刺激吴国斌。

蝈蝈望着大楼，冒出一句，“楼那么高，叫我住我还不一定想住！你想想看，如果你住了高层，倒个垃圾都得像锻炼身体一样，跑上跑下，累死。”

方宇回道，“这个你就不懂了。人家倒垃圾用不着乘电梯或者跑楼梯的。过道旁的门开开，楼梯安全通道的地方，墙壁上有个翻斗口，一拉，丢进去，垃圾就从楼上一直落到楼下了，楼下有个大垃圾箱接着。人家的垃圾都是装在塑料袋里的呀。”

蝈蝈有点诧异地问，“你怎么那么清楚呀？”

“你孱头，大楼没有造好的时候我溜进去看过的呀。你不是脑子转得快嘛？说不定哪天发财了，也买一套。”方宇故意鼟鼟[①]吴国斌。

蝈蝈就问：“你聪明！告诉我，你还知道什么？”

方宇被他一激，不甘示弱地说：“多着呢。你知道吗？里面每户人家都有热水器，不像你要到公共浑堂去淴浴，人家自己有浴室，随时可以洗澡的。”

蝈蝈没有回答，但是眼神突然一亮，望着前方，噫，新鲜，她怎么会到此地来？方宇回头一瞄，哎哟，是班花卿卿。真的，她到这儿干嘛来了？方宇和蝈蝈都未上前去和她打招呼，因为他们有个小心思：想看看班花到底去哪里。只见班花卿卿走到卖羊肉串的摊前，买了两串烤羊肉，随后又迈着笃悠悠的步子走入了大厦！蝈蝈看得两眼发直。奇了！我们刚才还在感叹大楼的房价高不可攀，竟然，我们的班花竟然已经捷足先登，随便

---

① 鼟鼟(tēng)某人：方言，愿意指鼓声，引申为故意用言语敲打某人，逗某人的意思。

进出了！

在这儿卖烤羊肉串的是个以前在新疆插队落户的知青，现在返城了，可能是没有找到理想的工作就下海卖起了烤羊肉串。听说他在羊肉串的调料里加了大麻，所以，客人吃过以后就还想回来再吃。曾经有人问他要过烤羊肉串调料的配方，他就是不肯透露。蝈蝈和方宇分手后，也来到烤羊肉摊旁跟老板搭讪以期弄到一些关于班花卿卿的信息。“我也来一串烤羊肉，帮我挑好的。调料放多点，我就是喜欢这咪道，香！”吴国斌要了一串烤羊肉。

胡子没刮的烤羊肉串老板一边将羊肉串递给吴国斌，一边开始得意地吹嘘，“上海滩的烤羊肉串，我的调料咪道最嗲了。赞得不得了。不要太好洽噢。”

蝈蝈附和地说，“就是讲嘛，大家都晓得你卖羊肉串发财了。此地外国人多，钞票好赚。可是，赚那么多钱干嘛呢？买一套新公寓房子吧，应该够了。”他故意把话题往卿卿走入的大厦引。

“哎，别别。买一套公寓？你有兑换券吗？没有兑换券有屁用。FEC[1] 有吗？”卖烤羊肉串的知道吴国斌指的是新盖好的高楼公寓，立刻反击道。

蝈蝈讶异地：“要兑换券的啊？”

“当然。没有兑换券，有人民币也白搭。”

蝈蝈一转念，说，“你应该没问题的。不是有那么多老外来买你的羊肉串嘛？”

“外国人？帮帮忙！外国人最小气！知道个啥呀。知道现在一块外汇券黑市上可以换多少人民币？”他用手势做了个以前电影里看到的暗指八路军的手势，“有时比这个还多。”

“真的?!”蝈蝈有点吃惊。

“啥也不知道，废了。”烧烤摊老板骂了一句。

这时有一个女顾客和她的同伴一起走来。卖新疆羊肉串的老板嫌吴国斌把摊位挡住了，立刻对吴国斌说，“让让，朋友！有客人！”他马上又学着新疆人的腔调，带着卷舌音吆喝起来，“哎，新疆的羊肉串，赞得来，鲜得

① FEC：Foreign Exchange Certificate 之缩写，由中国人民银行发行，现在已经弃用。

来，乓乓响[1]，走过路过别错过。哎，吃羊肉串，亚克西。”

那两个女的每人要了一块钱的羊肉串，吃了一口，评道：“蛮好吃的。下趟再来。”

“热赫麦特！伙西。[2]”卖烤羊肉串的老板点头哈腰地送走了两位女顾客。

蝈蝈不甘心套不出有关班花卿卿的信息，歪引道，“看来，来吃你羊肉串的，女人多一点嘛。”

“你怎么晓得的?”卖烤羊肉串的问。

“那俩女的前面来买你烤羊肉串的不也是一个女的吗?”

“小子，眼睛倒蛮尖的。不过那个是老客人。基本天天来买两串。”卖烤羊肉串的回道。

“真的啊？蛮有钱的嘛。”

“那是当然。人家住在高楼大厦里，肯定是非富即贵的。”

“住在雁荡里?”蝈蝈追问了一声。

“大概是吧？哎，你这么关心干嘛？看上人家了?”

“瞎讲!”吴国斌弱弱地辩白道：“她是我同学。早认识了。”

“怪不得！蠢蠢欲动。”卖烤羊肉串的一针见血。

新放上烤架的羊肉在高温下发出“吱吱”的响声，在翻转时，羊肉上面的佐料和着肉味散发出诱人的香气。蝈蝈给他讲得不好意思，看着又一批新烤熟的羊肉串，“再来一块钱……”

“一块三串，最大的给你。够意思吧!”

说完，小贩拉大嗓门，唱起了套人曲调，他自己编词的歌曲：

我们新疆好地方啊，到处都有羊肉串，
孜然的味道实在香啊，大家都来尝一尝。
哎，啦啦啦啦……哎，啦啦啦……
孜然的味道实在香啊，大家都来尝一尝。

---

① 乓乓响：指很有声誉。
② “热赫麦特，伙西”是维吾尔语发音：意思是谢谢！再见。

# 2

自从在雁荡大厦前碰到班花卿卿以后，吴国斌心里就不平衡了。以前在学校的时候，班花的座位正好在吴国斌前面，虽然两人间隔的距离相当近，但是吴国斌从来没有和她单独相处过，也没有同她讲过很多话。吴国斌对班花卿卿还是相当有好感的。夏天的时候，坐在他前面的班花那漂亮的的确良衬衣下隐隐约约的文胸时常在吴国斌眼前晃来晃去，尽管是从背后看过去，无法看到她前面圆润凸起的曲线，但是文胸上精巧的雷丝花边还是很让吴国斌想入非非的。况且，卿卿文胸的样式一直在变，有时候是纽扣锁的，有时候，他看到搭扣锁，又有时候什么都没有，就看到她美丽的后背。有一次，蝈蝈还偷偷地描出卿卿胸罩的花边式样，更有一次，他拿铅笔的后屁股有橡皮头的一段轻轻地顶了卿卿一下。卿卿当时没有啥大的反应，蝈蝈只是感觉到卿卿可能白了他一眼。现在，眼睛一眨，大学都毕业了，工作也有两三年了。可是，人生不易？他到现在就是没有女朋友。吴国斌所在单位是属工矿企业类，未婚女相对少。今天看到班花卿卿山清水秀的样子，他就动心了。问题不在于此，问题在于她怎么能买得起这么贵的公寓房子呢？这个问题是“革命”的首要问题，要想办法搞搞清楚。

一个有空的日子里，吴国斌去约班花的堂阿哥，也是同学的郭俊，两个人一道到大庆剧场看了一场演出。郭俊之所以出来和吴国斌一道去看这场演出，完全是为了去看王丹凤[1]。“四人帮”粉碎之后，有些一度靠边站的老演员重新出山了，王丹凤就是其中一个。演出的主要人马是电影制片厂和译制厂的演职人员，属于为单位创收性质的演出。那天看完演

① 王丹凤：中国著名演员。

出，两个人又到太平桥附近的点心摊吃夜宵，当然是吴国斌挺分[①]。太平桥的食铺是24小时开的，因为食肆连着太平桥菜场，所以即便是快深夜了还是蛮热闹的，主要是当时为了照顾三班倒的工人，菜场设有夜市，以便利上中班的工人下班时可以购菜。那么，早班工人怎么办？实际上，上海附近农村像嘉定、奉贤或者川沙等十个县，送菜进城从半夜就开始了。有的菜摊开市很早，大约凌晨两点半就"开称"了，俗称"早秤"。这些是为了方便上早班的工人，显见当时为民服务的理念相当浓厚。吴国斌自己要了碗油豆腐粉丝汤，郭俊则点了鸭血汤，每人又各自来了二两生煎馒头。那个时候，吃面食是要粮票的，没有粮票是买不到面食的。

汤水落肚就来了话题。吴国斌揶揄郭俊道，"你的偶像王丹凤，你觉着怎样？"

郭俊咽下还在嘴里的鸭血汤，"还是蛮有咪道的，就是有点老了。没想到她不怎么高，荧幕上看不出。声音蛮甜的。"

吴国斌响应道："这些老戏骨的声音都不错。陈述[②]看起来没有电影上演得那么阴。我就喜欢乔奇[③]，'啊，半屏山，一半在台湾，一半在大陆……'"说着，模仿起来，又继续，"声音特有磁性。"吴国斌道，"到底是有爱好好。我记得你小时候表演朗诵，'山，快马加鞭未下鞍，惊回首，离天三尺三'"。于是哈哈大笑。

郭俊回击道，"那么你呢？学人家男声独唱，呶，"郭俊学吴国斌唱了一句，"我爱这蓝色的海～洋……"看到吴国斌有窘相，于是岔开话题："看你找我有点急吼吼的样子，叫我出来有事？"

吴国斌直爽地回道，"不瞒你说，我想知道班花卿卿靠什么路子买得起公寓的房子。都是毛坯房，买好以后还要加装修费，钱不少花，她哪里发的财呀？"

郭俊听后，哈哈大笑，"你这只洋盘[④]，看看门槛蛮精的，怎么碰到事情就变成傻蛋了。卿卿嘛，靠自己本事考到一家外资公司去了，外资服务公司，懂吗？外语要好。咯么……卿卿的日语没得说，听我姆妈讲，现在她

---

① 挺分：出钱。
② 陈述：演员，以出演《渡江侦察记》中情报处长闻名。
③ 乔奇：著名配音演员。
④ 洋盘：指外行。

在一家日本公司里上班，就在大厦里。”

“哦，是这样啊！哎，她有男朋友不？”吴国斌挺关切地问。

“做啥，做啥？想同我阿妹谈朋友？你行吗？现在每月工资多少？有房子吗？”

“阿哥帮忙，钱靠赚，房子么……到时候单位里会分的呀！”

“兄弟，不是我泼你冷水。靠单位分房子，得等猴年马月！再说，卿卿说不定一两年内就去日本留学了。人家现在正在‘力进’进修外文呢。”

这条消息对吴国斌来讲是十分重要的。他马上问郭俊：“阿哥，什么是‘力进’啊？”

“哎呀喂，你最近都在忙什么里的东西？”郭俊故意用不正规的苏北话笑吴国斌，“连‘力进’也不晓得啊？‘力进’是进修外文的夜校。多少人都在那里学外文，考托福，考 GRE，现在有路子的都出去啦。”

吴国斌听了心想，怪不得单位里好几个年青同事都早早下班，说晚上有事。他马上向郭俊打听，“那么，怎么报名？你介绍我去，我也去读读看。”

“老同学，这个不是问题，毛毛雨。我明天和你一道去一趟。”

“在啥地方？”

“上海电影院过去一点。24 路乘两三站就到了，96 路也可以的。”郭俊给吴国斌指点道。

“噢。”吴国斌高兴地说：“好的，我们一言为定。”

第二天傍晚，吴国斌来到“力进”学校。他交了报名费，想读托福班。负责注册的女生说：“托福班已经开始了，如果你没有基础，最好等几个礼拜上新班，否则跟不上。”

吴国斌觉得自己还是有基础的，在大学里上公共英语课时成绩还不错。所以就决定当插班生，他同时觉得，光有托福成绩是不够的，听郭俊讲，到美国留学工科硕士学位的，最好要有齐阿姨[①]成绩。于是就问，“我也要插班齐阿姨班，可以吗？”

“你吃得消？不过齐阿姨班的老师不错，复旦的陆文天教授明天来讲课。”那个女孩介绍道。

---

① 齐阿姨：GRE 之谐音，即英文 Graduate Record Examination 之缩写。

“麻烦，麻烦，快点帮我报名。”吴国斌知道陆文天教授的分量。于是，吴国斌和郭俊又成了同学。这可能是改革开放之后，年轻人的又一次机会。大家的学习热情可以说空前高涨。无论在乘车的时候，还是在单位上班中午休息时间，吴国斌都会抓紧时间，捧着英文单词本背单词。至于班花卿卿，吴国斌现在没有时间去追，所以一直没和卿卿约会过，直到面临托福和齐阿姨考试报名来临时，他才不得不去找了卿卿。

本来复兴公园的前门是在雁荡路上，但是，吴国斌考虑，出了雁荡路就是淮海中路，消费高。想想看，中冰砖，紫雪糕，西餐社……还是低调点到复兴中路和重庆南路路口的公园后门比较好。于是，他提议卿卿在“春园”点心店碰头。这也是有讲究的，那个时代年青人晚上没有太多可去约会或是娱乐的地方，公园门口一到晚上，人山人海，找起人来实在不容易，马路对面的“春园”点心店门口人少多了。再说，请人办事哪有不请客的道理？他在店门口等卿卿，卿卿果然按时到了。从中学开始到现在，俩人很久没见了，开始见面时显得有些生疏，但又还觉得亲近，毕竟从小是同学，大家互相看着长大的。

“哎呀，蝈蝈，好长时间没有见面了，你现在好？”卿卿打招呼。

“还好，还好，反正单位里蛮轻松的，技术员嘛，没有太多的压力。”

俩人先客气地寒暄一番，吴国斌执意要请卿卿吃点东西。卿卿想了想：“我们吃冷面吧，否则汤汤水水太麻烦了。”

吴国斌当然同意，冷面既好吃又经济，还合时令。说起这个冷面，也是沪上一个特色夏令面食。面煮熟后是由摇头电风扇吹冷的，上面浇上花生酱、芝麻酱、醋和酱油等诸多调料，有考究的还会加一点绿豆芽浇头点缀一下，咪道极赞。应该说，上海冷面是最具特色的本地夏令食品之一。他俩边吃边叙说几年来各自的变化，这些都是例行的。然后，卿卿说：“这里还没有装冷气，要不到我办公室去坐坐，反正不远。”

吴国斌想想也是，店里地方小，人多，天气又热。于是，俩人就起身向公园走去。出示公园月票后，他们沿着梧桐茂密的林荫道走着，看到昔日的电马场[①]被拆掉了，这里成了一个工地。卿卿告诉吴国斌：“这里以后就

---

① 电马场即 carousels，是由各种不同颜色或造型的人造马匹组成一个圆圈，小孩可以选择自己喜爱的马匹，坐在上面，随着音乐旋转。此娱乐在欧美流行。

是一个歌舞厅。”吴国斌惊讶地想，这不是典型的为了创收而不顾社会效益的做法吗？上海好像就只有这一个电马场呀！以后儿童就没有电马坐了，童趣少了一项。这样一想，暗自庆幸自己小时曾来此处玩过，坐过电马。

雁荡大楼每层有八户人家，两部电梯上下。卿卿的办公室在二楼，客厅已经装修成小卖部，主要是卖洋烟洋酒和一些小的奢侈品。后面有两间小房（实际是卧房改的），一间被财会人员用着，兼做库房；另一间是销售工作人员的办公室，里面实际也就两张桌子和两把椅子。可能是灯光照明好，加上开着空调，吴国斌明显有一种舒适感，便脱口说：“工作条件不错。”

卿卿回答：“看起来是不错，但是也有压力的。不过比上不足，比下有余。人、事不可能样样都称心如意的。对了，你不是要找我谈事儿吗？讲讲看，看我能不能帮上忙。”

吴国斌说：“是这样的。我不是和阿俊都在读外文吗？接下来是考试，可是，考试报名是要用外币的，你懂的。我又不是中国银行，上哪儿去搞外币啊？所以想找你帮个忙，至少想想办法。阿俊家里条件不错，可能有底子。我倒是一筹莫展。你看有啥办法？”

“哦，我就猜到大概是这桩事体。”卿卿起身，示意吴国斌等一下，自己到柜台里拿了一听七喜可乐。“喏，尝尝看，刚刚吃过面，嘴巴干。7UP 中国人比较喜欢，比可口可乐咪道好。”她转回话题，继续道，“不过，经过我手的钞票，外币极少，多的是兑换券，调点兑换券，我可以做到，直接换外币，可能比较难一点。另外，我可以想办法，发你几条外烟，你自己去兜兜运气。还有，你准备去哪个国家？日本？美国？澳洲还是……”

吴国斌心怀感激，觉得卿卿真是老同学，人漂亮，心底也好。于是，就毫不隐瞒地说：“我在上学时是学工业设计的。我还是想在这方面继续深造一下。我觉得中国的工业产品需要正规化、标准化，这样才能跟上世界潮流，外销时才会有竞争力。我现在是想去美国，毕竟去美国比较容易些。不过，我是听说的哦，不太了解。你看呢？你去哪？”

“我觉得你讲得对。阿俊哥也是去美国，说不定你俩可以在美国碰头，互相有个关照。我是想学教育。我觉得一个国家要富强起来，最最重要的是教育。教育是里子，夹里好胜过面子漂亮。当然，我已经选择去日本。英文我学得不好，日文还马马虎虎吧。”卿卿解释道。

吴国斌呷了一口七喜可乐，品论道：“卖相不错，不过味道嘛，好像还是我们单位的盐汽水比较好喝。”然后问道，“日本啊，那间学校？”

卿卿莞尔一笑：“很多人都这样讲。”随后回答吴国斌道，“我想联系早稻田大学，我老娘老早就是在那里读的书，可以找老熟人帮帮忙。”

“你运道好。阿俊呢？”

“我不太清楚。听说他会去 NYU，知道吗？就是纽约大学。”卿卿透露消息给吴国斌。

“学啥？”吴国斌还想打听多一点。

“听说是电影管理专业，他姆妈不是文化局有熟人吗？将来说不定我们看电影不用买票了。”

“哦，我上个周末去上图（指上海图书馆）查学堂的资料，发觉我可能会去密西根州的学校。再说吧。主要两个条件，一个能被录取，一个能有奖学金。否则白忙，你说是吗！”吴国斌怀着忧思说。

卿卿鼓励他：“我觉得你没有大问题的。只要成绩好，奖学金多少可以拿到一些，实在不行，就像人家讲的，去插队落户，打工去。”

这样一通深谈，时间就过十点了。吴国斌站起来向卿卿道别：“真的谢谢你，我感觉蛮有收获。”

卿卿说：“你先回去，有消息我会告诉你的。”她送他到电梯口，自己返回了办公室。

吴国斌又重新进入公园往回走。吴国斌的家穿过公园再向东走两条大马路就到了，蛮近的。公园此时已经在广播：再过十分钟公园就要关门了，希望大家可以离开了。吴国斌看到三三两两的情侣们开始往门口走去，他自己反而有了多走走的想法。这个复兴公园的景致与其他公园有所不同，这个地方原先叫顾家花园，成为法租界后，这里变成了法国公园，雁荡路最早也叫军营路，顾名思义就知道了它的用途。公园内亭台楼阁，小桥流水，树林茂密，假山叠嶂，布局疏且有致，树林密还通幽，园内有大河，小池，近后门还有弯弯小溪（后被填没），西侧有竹林茶社，这是将顾家花园的中式园景和后来的大花圃的法国园景糅和在了一起。出公园不远是淮海中路，后门直接到复兴中路和重庆南路，门外有个书报亭，这个书报亭原来是绿色的，很小，但是很有名。据说当年是邹韬奋、丁玲和柔石等一大批沪上进步文艺人士经常光顾之地，另有一说是鲁迅的日本朋友内山完造也常来此地。公园的边门连着香山路和思南路，孙中山、周恩来、梅兰芳等人择地而居，都曾居住在此地附近。就只简单地描述一下这个公园，已经让我们知道了它的价值，怪不得海外投资人在毗邻公园的地方建了一栋高楼，他想着发财，却是将公园的人文园景掺进了杂质，就如一幅隽美的画卷上戳了个小洞，虽是无伤大雅，毕竟是煞风景的举动。怨不得吴国斌要发脾气，原来那些人是不懂此地人文的或是懂了也觉得无所谓，到底还是不懂维护人文遗产的。这里也是孙中山和周恩来等人曾经活跃的革命场所；鲁迅的学生萧军经常光顾此地来寻写作灵感；隔壁的大同幼儿园也曾有毛泽东两个儿子的童年记忆……

吴国斌一路遐思着，他从大路拐个弯进了大草坪区，沿着大草坪，看到假山下面河道里闪烁的灯光，闻到草地发散出来的香味，这种情形很容易使人陶醉。此时，知了声在树林中彼此呼应着，知了只是统称，沪上的知了一般有三种，一种是发出“叶死它”声响的，因为“叶”字和“药”字的沪语发音相似，所以童孩都称其为“药死它”；另一种体积较小的大家又称它们为“麻鸡鸡[①]”，视其为小号的知了，比它个头大的知了孩子们则称之为“夜乌子”，或是因其体黑之故。知了的争鸣打断了吴国斌的思绪。今天晚上，吴国斌还是第一次知道自己班上已经有一半的同学出国留学或者移民了，自己已经大大落伍了。吴国斌忽然想，一定得实现自己的理想，哪怕现在不谈恋爱也罢，反正要出国了，谈了女朋友反而行动有诸多不便。这样想着，慢慢腾腾地走出了公园。

① 这是根据儿童发出的声音写成的字。据研考实际应该是“母尐尐”的谐音。因为尐也可读“ji”音，意思是具有花纹的雌蝉。

# 3

搞到些外币就可用于考试报名，吴国斌还进而想到出去以后必然需要用更多外币，所以，他不但开始注意支出，而且开始寻找开源的路子。首先，他到友谊商店门口去领行情，原来这个世界有那么多掮客黄牛啊。他似乎不是那种做掮客的料，反正，心里有点怵。但是，行情必须得了解，不多久，至少一些切口和行话他能听懂了，但是，成交的成绩是空白。他又到淮海中路的中国银行门口去混，希望有一天能够额骨头碰到天花板（指运气好），不过，看起来比较难。卿卿为了帮吴国斌，已经陆陆续续置换了三百多元外汇券，就等有机会给他。

吴国斌的不专心上班已经有人开始注意到了。这个人就是吴国斌单位的同事汪颖。汪颖发现这几个月吴国斌非常用功，不是用功工作，而是用功学外语，早背晚背，肯定有情况。吴国斌的职称是助理工程师，在单位的设计室里上班，比较轻松。汪颖是在销售科上班，因为家里的关系，也算找到一个不用太吃苦的职位。两个人在办公楼过道走廊会经常碰到，一来二去，算是熟悉了，熟到什么程度？就是一个礼拜内，大约有三天，汪颖会来叫吴国斌一起去吃中饭。当然，叫的时候并不是只她一个人，时常和同办公室的另外一个女同事一起来，被叫的也不止是吴国斌一人，时常连马东方和许世坚一起叫上。他们两个是吴国斌一个办公室的同事。那时，在工厂吃食堂是用饭票的。到了食堂后，他们四五个人就开始分工：买菜的两人排队，买饭的两人排队，盛饭用具是每人三件套：饭盒子和印有厂工会字样的搪瓷碗两只。铝合金的饭盒盛饭，搪瓷碗，小的装菜，大的用来盛汤。汪颖长得很有江南女子的特色，柳叶眉，鹅蛋脸，身材匀称，皮肤细腻，虽然没有高学历，但是受到家庭影响，平时谈吐，接人待物都比较周全。上上下下对她所谓“开后门”进科室的事情也没有什么非议。他们年轻人一道去吃饭，自然也没有人闲话。汪颖对吴国斌这个大学生工程师是怀有敬意的。一则吴国斌比她大两岁，好似兄长；二则单位里从正规院校毕业的工程师不多，年轻的更少。同龄人在一起比较讲得来，今天，汪颖注意到吴国斌提前十五分钟下班了，可能是有什么节目等他，她想。实际上，吴国斌今天早走并不是去上课，而是想再到华侨商店门口兜兜看，看是否有机会用人民币调点美元。商店门口人很多，搞不清到底谁是换美元的，谁是换日元的，谁是看热闹的，谁是黄牛。反正，吴国斌看到有人向他走来，他就左右张望了一下，看看左右没人，那么，这个人肯定是朝自己走来的，于是，颔首微微一笑。那人问他："几张分？"

他紧张兮兮地回答："啥价钿？"

那人说："一调十。"

吴国斌想，辣手。一块美金要调十元人民币，太贵了。于是，摇头，"贵！"

那人说，"九。"吴国斌想想，一狠心，"好的。"

那人示意吴国斌跟他走，一直走到商店旁边的弄堂口停下来，那人问："钱带了吗？"

吴国斌点头："一手交钱一手交货。"

对方说好，就一起走到一排居民楼的门前，准备交易。这个时候不知从什么地方跑出来两个便衣，一手一个，把他们两个抓住了。

"倒卖外币，跟我们走一趟。"其中一个便衣命令道。

吴国斌心一惊，有点出乎意外啊，于是拔腿想跑，被另一个便衣一个扫堂腿，撩翻在地。这两个人同时进了附近的派出所。还好是派出所，这为吴国斌能够很快被释放提供了条件。吴国斌被抓时突然之间想起了汪颖，她家里好像有人在市局里。吴国斌的父亲当年是跟随陈毅进入上海的，三十多年来，从工厂的保卫人员变成科员、干事，一直到现在做了二十多年的保卫科长，职务不高，但是党内地位不低，他还是厂党委委员。做了这么多年的保卫工作，吴国斌的父亲在公检法部门应该有熟人，但是，吴国斌不愿意让父亲知道这件事，说出去多丢人呢！至于他妈，在地段医院一直做工会工作，主要负责妇女工作和福利，所以，他更不想让他妈知道。吴国斌请求派出所让他打个电话，告诉家里。可能平时这样的人很多，也不是重大犯罪，派出所年长的所长就同意了。吴国斌就打传呼电话叫汪颖。所谓传呼电话，就是电话打到一个固定的服务站，里面一般有退休阿姨接听，随后你就告诉她你要传呼某某某，该人住在什么路几号几楼，阿姨会帮你去叫人。别看是老阿姨，走路还蛮快的，开始时，叫一趟人三分钱，后来慢慢增多到七分一次，再后来更加贵，再再后来有了手机，这项服务就被淘汰了。也是吴国斌运气好，不一会，汪颖就来接电话了。吴国斌把情况一说，汪颖叫他不要急，耐心等个把小时，不要和派出所人顶嘴。吴国斌心里平静下来。大概有一个半小时，派出所所长接了一个电话，随后来到吴国斌面前，用山东口音的上海话问："你叫吴国斌？"

吴国斌答，"是。"

"做什么工作？"

"工程师。"

"工程师换外币做啥？"

"考试。"

"考试？考试用外币？"

"考托福、齐阿姨要外币报名。"

"考什么？什么阿姨？"所长疑惑地问。

"是研究生的考试。"

"考研究生？考研究生用外币？"

"是外国研究生考试。"吴国斌解释。

"那你今天换了多少？"

"我还没换就被你们抓来了。"吴国斌觉得自己蛮冤的。

"那你以前没换过？以前换过多少？"

"我是第一次来，我没有想换，是那个人自己上来问我，我就跟他过来了。"

"你家里父母是做什么的？"

"我爸爸解放后复员在红星机械厂工作。我母亲在地段医院上班。"吴国斌只好老实交待了。

"哦，小伙子，我告诉你，看在你爱学习的份上。我今天就不处罚你。不许再来换外币，再被抓到就不客气了。"所长放了他一马。

吴国斌一听，有苗头，连忙声地答应。

吴国斌走出派出所，长舒一口气，心里又觉得有点委屈，出师不利，美元没换到，差点进庙[①]里。要是进去了，以后就麻烦了。同时，他又觉得汪颖够朋友，一定是她暗中帮忙了，心里不禁有了感激之情。

这一小小的风波让吴国斌认识到自己的短处。要能够弄到外币只有走正规途径，至少对他来讲是这样的。可能是时运转了，不出几天班花卿卿给了他一个电话，告诉他有家外商在找人，好像要有理工科的背景。卿卿认为这个机会不错，问他有没有兴趣。吴国斌回家征求了父母的意见，也问了每个他认为信得过的朋友，甚至私下里问了汪颖。大家都认为外企工资待遇高，可以试试看。就这样，吴国斌人生开始转向了：由工而商。实际上这个机会是卿卿所在公司的内部招聘：马来西亚一家公司要中国的销售市场，所以找的人是既要懂业务，又要懂外文，还要脑子灵光。懂外文的人公司很容易找，但是找有理工科背景的就不那么多了。既然这样，吴国斌自然有了优势。待遇不错，发的工资是百分之七十人民币，百分之三十美金。另外有差旅费和季度提成奖励。俗话说，好事多磨。一头办好的事情，另一头不一定搞得定。吴国斌单位不肯放人！如果人走不了，一切都白忙。正当吴国斌唉声叹气的时候，汪颖悄悄地帮吴国斌把关系打通了。条件是吴国斌付单位三千元培养费，然后必须辞职。三千元不是小数目，吴国斌算来算去自己只有存款两千元。他又不好张口问家里要，只好又掉头向汪颖借。汪颖在电话里说，今天晚上六点在淮海路的西菜社碰头，我请你。

吴国斌想也没想就答应了。反正已经和汪颖熟悉了，而且汪颖也帮了他那么大的忙，就是请一顿饭也是应该的。六点钟的时候，吴国斌准时到了西菜社。这里原来是白俄人开的西菜馆，解放之后一直沿袭下来做西菜馆，只不过名字由“馆”改成了“社”，师傅是解放前就在此处做的，以前是做帮厨，现在做主厨了。吴国斌从来没有进过西菜馆，更别说吃西菜了。盘子怎么端，刀叉怎么摆，他一点不懂。所以，他心里有点虚，站在门口等汪颖，不敢进去。已经在里面坐在餐桌前等候的汪颖心里发笑，出来招呼：“蝈蝈，(也不知道她怎么知道吴国斌的绰号的)，怎么像戆徒一样立在外面，你又不是站岗的。”

吴国斌不好意思地笑道：“我以为你还未到，一个人进去，心里有

---

① 庙：指公安机关或监狱。

点虚。”

“快点进来。我有正经事和你讲。”汪颖催促道。

俩人进去坐下，因为吃西餐的人少，所以座位由你挑，爱坐哪坐哪。餐单很简单，无非是罗宋汤、法式蘑菇汤之类的东西，但是后面标出的价钱不便宜。吴国斌看着餐单不敢点，倒是汪颖大方爽快。她有模有样地点了罗宋汤、虾仁色拉，外加果仁列巴，主餐有烤熏鱼和牛肉饼，最后的甜食是俄式多层蜂蜜蛋糕。菜点完了，服务员就离开了。汪颖看着吴国斌：“蝈蝈，你晓得我为啥要请你到此地来吃饭不？”

吴国斌笑了笑，轻摇骷郎头①。

“我现在告诉你，第一，你以后要和外国人打交道了，气势上不可以输给人家。所以，你要学学怎么吃西菜。不用全懂，至少不至于完全陌生；第二，钞票你用不着担心，你有两千，我现在给你一千，明天去单位把辞职手续办好。辞职就辞职，没有关系。新单位一年赚的，你在那里至少要做十年；第三，我要你答应我一件事，你肯不？”

吴国斌望着汪颖，啥事体？他心里在想，嘴里出来的话却是：“当然，我当然会答应。”

汪颖听了脸上倒先起了两朵红云，绽放开来成了晕：“我想过了，我要你做我男朋友，同意不？”

吴国斌倒有点吃惊，他并不讨厌汪颖，恰恰相反，他有点喜欢她。虽然没有大学文凭，但是人聪明伶俐，大方又大气。可是想到自己正在办出国，还有隐隐约约闪过的班花卿卿的影子，但是，汪颖的笑容……他马上开始进行超速推理：第一，卿卿对他不错，不过她或许是买郭俊的面子或许是因为发小，前后桌的义气抑或是真的喜欢我；第二，我没有问过她有没有男朋友，万一她有男朋友，那我丢脸丢大了，那不是两边不着港吗?！第三，她是要到日本去的人，她去日本了，我怎么办？难道我美国不去去日本？我又不会日本话！吴国斌是个十分理智的人，但是，现在的情况他还是有点吃不准。

“你觉得我有那么好吗?”他问汪颖。

“我觉着缘分胜过一个人的好坏!”汪颖望着吴国斌：“我觉得你将来

---

① 骷郎头：脑袋之意。

会有发展，我也不会一辈子在那里上班的。所以，如果一切如人愿，我们可以早点把事儿给办了。”

“你不觉得匆忙吗？再讲，我以后是打算去国外留学，如果一结婚不是两地分居了吗？”吴国斌觉着这个是最重要的，也是最现实的考虑。

“我已经想过了。我们现在可以结婚，如果你出去了，我也会跟你去，你用不着担心其他，我们可以先不要小孩，等一切稳定后再生。现在第一步是确定关系。”汪颖表态。

罗宋汤和面包都上来了，西菜社可能好久没有外国客人了，所以，上菜程序上不讲究，本来上菜应该前后有序，哪道菜先上，哪道菜后上，现在是全给你端上桌再说，更不用提除去上菜程序之外还有对上菜节奏的掌控。吴国斌和汪颖倒是没有介意这些，或者也不知道有这些程序。反正，汪颖的邻居是个白俄人，多少受了点影响，现在就其知道的西菜知识开始教吴国斌，同时不忘追问，“你到底同意不？”

什么叫吃人嘴软，拿人手短？吃也吃了，拿也拿了。吴国斌这时也没有什么可选择了。这么漂亮的小姑娘，这么聪明的脑袋瓜，这么温柔的关怀，拒绝这种爱情脑子是有问题了。俗话说，“百鸟在林不如一鸟在手”。想到此，吴国斌立刻应答道，“我愿意做你的男朋友。”

“你真心吗？”汪颖问。

“真心！”这次吴国斌讲的是真话。

“会后悔吗？”汪颖继续追问。

“不会！”吴国斌倒是下决心了。

“你讲的话你自己记得。我没有逼你哦！”汪颖需要确认。

“我会记得的。”吴国斌再次表决心。

汪颖从衣服口袋里拿出了一千人民币，递给吴国斌：“吃完你送我回去。顺便我们到老大昌①去吃掼奶油。”她看到吴国斌收好钞票后，继续道：“明朝把手续办了。我也去‘力进’进修外语，说不定啥时候有机会用得上。”

吴国斌这次没有说谢字，不过，他心里有一股暖流涌过：汪颖对我真好！

---

① 老大昌：上海旧淮海路上的品牌食品店。

报到工作之后，吴国斌马上就被派去出差了，地点是沈阳。吴国斌之父来自山东荣成，记得中学有一年，他跟阿爸去过一次荣成，那是他跑得最远的地方了。沈阳是关外，他只是听说过，没有去过。所以，去陌生之地是第一次，出差也是第一次，心里不免紧张。他没告诉任何人，一路上坐在火车里的时候，他想想人生蛮奇怪的，本来不想谈朋友，突然之间有了朋友；本来为美元投五投六①，现在不需要担心了。他和汪颖已经商量好了，从现在开始到年底多存点钱，过年时候就结婚，年底或者最晚不超过明年春节参加考试，并申请外国学堂。如果一切顺利的话，明年就可以入秋季班了。突然，他又想到卿卿，真是，如果没有卿卿，这份工作就根本不存在。所以，十天之后，他出差回来第一件事情就是去报答卿卿的帮忙。

说来是无巧不成书。马来西亚公司的上海办事处就在卿卿工作的楼内。第一天来上班的时候，吴国斌心里想，没有想到当初只能站在大楼的门外头，短短几个月，现在可以站到里面去了。前台一个服务员问他："你找谁?"

吴国斌穿着新西装，戴着新领带，用带着点骄傲的语气，道："我是来此地上班的。"因为以前从没见过吴国斌，门卫一时搞不清真假，就揶揄地问他，"我们大楼一共有二十多层楼，毛两百单元，请问你在几楼几单元?"这下把吴国斌问住了。没办法，就拿出信件，告诉门卫他就职的公司名称。门卫于是客气地说"我查查看"，说着翻看起大楼入驻单位名册，然后指点说，"你上十一楼，电梯门开后向右转。"

吴国斌进了电梯，又仔细看了公司给他的信件，上面不是明明写着楼层和房间号码吗? 他怪自己兴奋过度，太粗心了。这栋大厦当初造的时候只有两种户型，2 房和 3 房的。吴国斌所在的公司是三房一厅的户型。里面除了经理一间，秘书一间，另一间就算是吴国斌的办公室了。经过大约两个小时的交代，吴国斌对自己的职责有了大致的了解。接下来，资方经理就要他熟悉业务，看资料，熟悉产品。吴国斌走进自己的办公室，有点感慨。从窗子看出去，可以看到前面一所中学灰白色的大楼；再看斜对面，是中华职业社(立信会计学校)。当然，吴国斌这样的感慨多少只是年

---

① 投五投六(头五头六)：瞎忙的意思。

轻人的多愁善感罢了，比他更多愁善感的前辈应该是大师徐志摩，只是他的故居坐落在立信会计学校大楼后面，吴国斌看不到罢了，否则，或许他会有更多感慨的。

上班第二天，当吴国斌出现在卿卿面前时，卿卿倒是吃了一惊："你怎么来了？"

吴国斌小声地问："中午有空吗，到'洁而精'等我，和你讲点事情。"

"洁而精"是大楼外近在咫尺的川菜馆的名字，它坐落在离上海科技会堂不远的拐角处。这家饭店可能很多人不知道，它的历史一直可以追溯到解放前。吴国斌常想，当年周恩来等人一定来此地吃过饭，因为公园边门出去就是皋兰路、香山路，一直往前就是思南路的周公馆，非常隐蔽方便。这爿餐馆的优点就是雅，不过现在此地居民明显比过去多很多，有时午餐时人流不小。吴国斌为了抢位子来得早了点，他是担心万一人多要等，怕时间不够，公司规定吃中午饭时间不能超过一小时。吴国斌现在晚上时间要复习功课，又要拍拖汪颖，根本就没空了。还好，中菜他不陌生，他一共点了六样菜，都是本堂保留菜。菜点多了，两个人吃不了那么多，吴国斌想，菜点多就是为了表达自己的诚心。他猜想卿卿会喜欢红烧划水、干煸牛肉丝、水晶虾仁、樟茶鸭、青豆泥和麻婆豆腐。本来他想叫一盘夫妻肺片，一想不合时宜，就没点。等卿卿一出现，吴国斌就将她引到座位前，并殷勤地拉开椅子让其落座。

开口第一句就是："我非常非常感谢你。没有你介绍，我就没有这份工作。你知道吗，我的办公室就和你在同一楼里，真的是巧。"吴国斌还没动筷便絮絮叨叨说了一大堆。

卿卿也觉得稀奇："那是真巧。"

吴国斌做的第二件事是让服务员快上菜，然后吴国斌夹菜给卿卿。

卿卿一看有六样菜，娇嗔道："什么大事让你这么破费？"

吴国斌连忙说："嘴巴老馋了，都是特色菜。"他说。实际现在他蛮想把自己有了女朋友的事告诉卿卿，想想午餐时间短便打消了念头。

卿卿说："上次讲的兑换券已经有500元了，啥时候要，到我办公室来拿。"吴国斌于是将自己的薪酬情况告诉了卿卿："十分感谢。不过，既然工资里有美金，我就可以解决报名费问题了。"

这也出乎卿卿的意料。"待遇不错嘛！"她说。

吴国斌从桌子底下拿出很大的一个袋子,“这是我这趟出差带回来的一些东北特产。你拿回去给你爸爸妈妈尝尝。”

卿卿说,“你怎么这么客气。同学道里帮个忙,没要你回报。请吃饭已经可以了。这个不能收的。”吴国斌则坚持要卿卿收下。卿卿就没再推让。

# 4

吴国斌从东北回来才两天，他的老板又要他去东北，这次老板也要去。据说，合约谈得差不多了，可以去签了。本来机票已经买好，没想到马来西亚总部的副总裁也想来参加签约仪式。这样，行程要往后推两天，总得要让人先落脚一下。吴国斌的小老板就把接待的具体杂务交代给吴国斌了。你是本地人，人家当然要靠你。对于接待这摊子事，吴国斌并没有经验，于是一只电话打给卿卿："楼下朋友，帮忙帮忙，急事。你教教我，如果你老板来，你会带他去啥地方白相[①]？"吴国斌问卿卿。

卿卿接听电话说，"我是小卖部营业员，我也不知道。但是，我觉得你先要包部车子，然后，请他到锦江去吃一顿。隔天有空，可以带他去城隍庙转转，晚上嘛，去看看杂技，就在过去的风雷剧场，南京西路上的，'翼丰'[②]斜对面。"

吴国斌感谢道，"谢谢了。回头请你吃饭。"

因为是在中国开放早期，东西都很便宜，吴国斌从锦江（饭店专属车队）包了一辆小轿车只有六十元一天。整个开销实在很便宜，让海外来的大老板很开心，而且签约也十分顺利。那时候，有外资进内地就是一项成绩，亏不亏还在其次。为此，小老板夸奖了吴国斌一下：准他休息两天。

一般来讲，你想休息的时候不一定能休得了，你不想休息的时候，有时倒是没什么事情可（想）做。正当他想静下来规划一下明天的安排，方宇来了。方宇是来通知吴国斌，他马上要出国留学了，今晚特地请老同学聚聚。吴国斌想留方宇多聊聊，顺便了解一下留学方略，方宇推辞道："晚上聊，还有几位同学要通知。"

---

① 白相：玩，耍。

② 商店名字，曾经是科技模具专卖店，对青少年科技爱好者颇有帮助。

晚上七点，在淮海中路陕西路口的怡心酒家二楼，有八个年轻人聚餐。方宇作为东道主向大家说道，“我们班里有49人，今朝只有我们八位能聚在一起了，其他人要么已经出国，要么没有考上大学现在还在忙着上班，没有空来。所以，我十分感谢大家能够来。我这次出去，不知道什么时候再能够和大家见面。我们的班花卿卿要去日本了，阿俊要去纽约了，钟盛要去德国，还有蝈蝈也在准备……”他停顿了一下，“反正，反正八仙过海，各显神通。”

钟盛插嘴道，“那么你去哪个大学？”

“UCLA。”方宇答道。

“啥地方？”钟盛有点搞不清UCLA是什么学校。

“洛杉矶大学，在加州。”方宇解释道。

吴国斌问，“读什么专业？”

“计算机。”

卿卿就接上了：“啊，你会电脑？”

方宇说，“电脑不是计算机，计算机是计算机。”

郭俊接过话头，“那么你会吗？”

“怎么讲，多少知道点。反正要学嘛，来得及。”

吴国斌赞道，“我就知道你聪明，你以前是数学课代表，我是物理课代表。计算机嘛，你只要数学好，肯定没有问题的。”

“你讲得对。反正Dbase，Basic①，我是没问题的。”方宇自信地说。

坐在一旁一直没有吭声，外号叫“书包”的蒋树宝好奇地问：“你为啥去加州，不去纽约呢？”

有点酒糟鼻子的方宇解释：“因为我伯伯在加州，我就住在他家里。他说，洛杉矶打工比较方便。其他地方我没有落脚点。”

和“大头(钉)②丁”丁荣刚结婚不久的胡懿愍发问：“你拿到奖学金了吗？”

方宇说：“现在学校说，先帮我免学费，生活费自理。我打听过了，学工科的能拿到免学费已经不错了，尤其是学计算机专业的。学文科的拿

---

① Dbase是数据库；BASIC是当时流行的计算机语言。

② 大头钉：过去有一种用拇指即可揿入墙里的图钉，俗称大头钉。一般用于固定标语、地图等墙上的标识物。

奖学金容易些，但是出来后工作难找，学理科的也可以拿到奖学金，但一般工资不会太高。计算机是今后的发展趋势，我伯伯讲，可能还没有毕业就有工作找上门了。所以，我一点不担心的。”

大头丁丁荣叫道：“祝我们老同学方宇鹏程万里，前途无量，大家一起干一杯。”

大家起立纷纷碰杯。怡心酒店是沪上有名的广帮菜肴馆之一，方宇作为广东上海人对这家店是情有独钟。他等大家重新落座后提议道：“很多年没在一起了，今天一聚，来日方长，我已经讲了自己的打算。我很想听听大家各自的打算，大家介意分享吗？”

吴国斌响应了：“我是读工大的，想去美国学学工业设计，我觉着蛮有用的。我们国家的产品，我跟你说实话，实在不敢恭维，设计真的很粗糙。我就想，这种局面一定要改变，否则，东西再好也卖不出好价钱。”

大头丁鼓掌道：“有道理，有道理。”

吴国斌追了一句：“有道理，你是学建筑设计的。你准备朝哪个方向发展？”

大头丁回说：“我嘛，实际上，我还没想好。不过，我觉得我蛮喜欢跑来跑去，可能会从事旅游事业。你想想看，中国多少人，多少地方可以去？可惜，现在都没有开发，连住的地方也解决不了。要是我出去，我就去开旅馆，如果我不出去，我就想开发旅游产品。”

郭俊鼓励道，“这倒是蛮有想法的。我是读经济的，明年出去可能是学电影制作管理。到时候我们可以合作合作，帮你拍几部旅游片，也讲不定的。”

大头丁一边起立准备向郭俊敬酒，嘴里一边说，“这个弯转得蛮大的。”一看酒杯没什么酒，方宇眼尖，马上叫服务员：“再烫一壶绍兴加饭酒来。”

两个人干完杯。接下来是静默，没人发言了。方宇一看要冷场就点名要卿卿讲话。卿卿挪了挪身子，款款地说：“我是日语专业的，听大家谈自己的理想，我心里老激动的。实际，我也没什么多的好讲，我是想去日本学教育，希望以后能够在教育方面有所成绩。”

钟盛指指自己，意思是轮到我了？大家都笑起来了：德国人不爽快。钟盛说：“我和方宇兄一个学校的，也是浦江大学毕业的。我也想出去学点有用的东西回来，比如火车，我表哥讲德国的铁路不要太先进哦。四通八达，方便得不得了。”

蒋树宝有点惊奇地问，“你表哥已经在德国了？出去蛮早的嘛！厉害。”

钟盛带着一点自豪地：“我表哥，静安区第一，一等一的高才生。人特聪明。人家是被国家保送出去的，呶，在上海的时候就到歌德学院学德语，出去到德国慕尼黑大学，连人家诺贝尔奖得主也认为他有出息。”

大家被钟盛的话激励了。

“那么他现在做啥？”胡懿愍问道。

“他特别忙。我只晓得他是学理论物理的。”

“叫啥名字啊？”有人想打听。

“章守诚。”

“了不起，你们家出人才。”大家一阵小声的议论。然后，方宇对胡懿愍要求，大家都讲过了，现在你是压台戏，最重要了。

胡懿愍用撒娇的声音回答，“呶，我们先生不是要做酒店老板吗？那么我就做老板娘好了。我不像你们，都有远大理想，我没有啥理想的。他做啥，我就跟啥。”

大家鼓掌，羡慕道：“真是青梅竹马。”

吴国斌说：“这叫‘夫唱妇随’。你是财贸大学毕业的，等着帮你老公数钱好了。我觉得我们学校的同学有运气。碰上几个好老师，像教物理的钱老师，我们毕业后，他就被调到市重点中学去了，教化学的沈先生也调过去了。所以，我们应该做出一点成绩出来报答师恩，报答学校。”

现在轮到蒋树宝了。他是最后一个还没有表达自己志向的。大家眼光自然射向他。蒋树宝的别名是“蒋书包”，喻其读书多，也是因为“树宝”和“书包”谐音的关系。蒋树宝咳嗽一声，慢条斯理地用男低音说，“你们都不错，那么，你们都走了，家里总要有人看守的喽。我想，我英文不大灵光。我是读历史的，我就想再深造一下，在母校教教书也不错。”

方宇提议：“那么，我们结束之前再唱首歌吧，怎样？”

卿卿问：“唱啥歌？”

方宇想了想：“要么就唱我们中学的校歌吧。我不知道大家会其他什么歌，大家就一起唱首熟悉的吧。”说着先带头唱起来了：

漫漫的路，我们探索
高高的山，我们攀登，
努力学习，诚实为本
友爱互助，勇往直前
我们是国家的新主人。

刚开始时，他们唱得很轻声，而且有点稀拉，随后越唱越激越，歌声越来越响亮，八个年轻人，人人眼里闪着泪花。

因为宴客厅没有门，一些来吃饭的客人和服务员都驻足观看。

# 5

方宇赶上了洛杉矶大学秋季的开学。在上海的吴国斌心里则有点失落，可是，因为工作的压力、学习的紧迫和女友的滋润，这种失落感很快就消失了。倒是冬天的来临，上海的湿冷天气让他感觉特别阴。

此时，卿卿的感受似乎和吴国斌有点相似。外界不晓得，当初如果一切顺利，她现在可能已经在国外了。想想看，既然是班花，会没有人追？有一年夏天，市区中学搞文艺汇演，卿卿就在向明中学认识了她的白马王子。他们在中午会餐时正好是邻座，于是闲聊起来。付涛夸赞卿卿的日本歌曲唱得好，一首《北国之春》唱得跟原版一样，还问她，“你是什么中学的？”

“南昌。”

“哦，卢湾区。我是徐汇的。”付涛自我介绍。

于是，两个初次见面的中学生就好像熟人一样好上了。付涛比卿卿要高一届，人长得高，一米七八在上海人中属于蛮高的，何况他还在读高中。那时候男生平均身高是一米七左右。在卿卿眼里，付涛要身高有身高，要卖相有卖相，要噱头有噱头，要腔势有腔势，要才华有才华，真真算得上是“五好战士”了！演出那天，付涛头发好像焗过似的，看着有波浪，他身上穿着崭新的白衬衣，可以隐约看到里面的那种 42 支的英式汗背心，他站在台上是那么意气风发，那么青春洋溢。当他引弓拉完一曲《新疆之春》[①]之后，大厅里响起了热烈的掌声，掌声经久得连谢幕都谢不了。没办法，付涛只好加演一曲《千年的铁树开了花》[②]，这首曲子也是当时十

① 《新疆之春》是一首描绘新疆维吾尔族人民载歌载舞，热情奔放的曲子。1956 年由马耀先、李中汉作曲。

② 小提琴独奏曲《千年的铁树开了花》是根据反映当时解放军用针灸让聋哑孩子恢复听力的故事而改编的。

分流行的小提琴独奏曲。两支曲子加一顿饭，把卿卿弄得芳心乱颤。活动结束后，两个人开始交往。卿卿住在重庆南路上，付涛住在岳阳路附近，乘车要好几站，但是，爱情的力量是伟大的。卿卿就是不怕远，她对付涛之痴迷已经有相当温度了。70 年代时，学生会乐器是蛮吃香的，再看看付涛家里，落地钢窗，打蜡地板，高挑天花板，墙上还有画镜线，完全是小资洋房。付涛对卿卿也蛮满意的，两人第一次约会在付涛家。看到卿卿来了，付涛就马上调制咖啡，听唱片，反正想显示自己有情调的好客之道。卿卿要付涛为自己演奏一些曲子，付涛先拉了一首《金色炉台》[①]，这首曲子卿卿在无线电里经常听到的，蛮熟悉。付涛拉完，卿卿拍手，然后，付涛又开始拉萨拉萨蒂的《流浪者之歌》，乐曲开始，G 弦上的几个低音一出来，卿卿的芳心沦陷了，她情不自禁地站起来，从后面抱住了付涛的腰。

付涛放下琴，也抱住了卿卿。两个人就这样互相抱着，没有讲话。突然，卿卿松开手，对付涛撒娇道："你教我拉琴，真好听。"

付涛拿起琴，说："你想学啊？没问题。不过，要吃苦噢。我先让你试试看，看你能行不。"

付涛让卿卿用脖子夹住小提琴，另一只手托住卿卿的胳膊肘："对了，琴要与肩膀平，手臂不可以往下掉。我小时候练的时候，我老爸在下面点蜡烛的。对了，你先感觉感觉，四条弦，嗦，来，拉，米。so，是低音 G 弦，隔壁一根弦是 D 弦，re；la 是 A 弦；第一根是高音 E 弦。来来，你试试看，握弓老讲究的，人家一看你握弓的样子就知道你会不会拉了。"付涛使劲儿地矫正卿卿的握弓手势，卿卿则是顽强且痛苦地想做对这个动作。

"开始拉，先试试看，拉 E 弦，拉时弓不可以碰到其他弦哦，只能在 E 弦上。拉全弓，开始……哎哎，弓不可以斜过去……也不可以滑过去……"付涛耐心地指导卿卿拉琴。

"蛮难的嘛！"卿卿抱怨地说。

"像杀鸡。"付涛调侃，又鼓励道："不过，第一次嘛，还好。我跟你讲，手势要拉得开，否则弓会歪。你看到琴桥了吗？离桥越近，声音越响，离指板越近声音就越弱。"

---

① 《金色炉台》是根据上世纪七十年代流行的电影《火红的年代》中主题曲改变的小提琴独奏曲。

卿卿又试了一下，龇牙咧嘴地说，“看来我不是这块料。手酸得受不了了。”说完，就把琴要放到桌上，付涛赶紧过来接住：“这把琴巨贵，千万小心。”

卿卿试琴失败，两个人就坐下来休息。付涛走到书桌旁，拿起一盘磁带，打开索尼双卡录音机的磁盒盖，然后将播放键按下，喇叭里马上传出邓丽君甜美的歌声，“你问我爱你有多深，我爱你……”歌声在房间里飘荡，两颗年轻的心靠得很近。

卿卿从付涛家里出来已经快下午四点了，她还有夜课要上。她一路回味着和付涛在一起的幸福时光，虽然没有接吻，但是，她能感受到付涛的激情。一路的陶醉与幻想，路过一家生物研究所门前的时候，她停住脚步，将身子靠在就近的树上，稍稍闭上眼睛，她要回味和体验并保留这种幸福感。卿卿很庆幸自己找到了白马王子，在多数男生还情窦未开的时候，她已经沉浸在爱海之中了。研究所门房里的门卫老头看到卿卿靠着树，眼睛还闭着，以为她不舒服，好心地过来询问，“同志，你生病了吗?”

一句话将卿卿遐思打乱，她没好气地走开，心里恨恨地想，这什么生物啊!

付涛很快被音乐学院录取了。到第二年，卿卿被外语学院录取了。两个年轻人心里荡漾的青春气息连卿卿的父母都可以感觉到。卿卿姆妈有时看到卿卿“忙得要死”的样子就会爱怜地提醒“自己魂灵生进”(意思是小心点，悠着点)，而卿卿总是回答“晓得唻”。

时光如过隙白驹，一晃付涛已经毕业了，并且马上加入了专业乐团任提琴手，而卿卿也进入了大学的最后一年。忽然，有一天，付涛跟卿卿说，他被新加坡的一个乐团相中了，可以出国赚大钞票了。对于幸运的来临，卿卿当然要为付涛高兴。一切计划都是完美的：付涛出去后，可以帮卿卿办出国，然后比翼双飞，去过他们自由自在的日子。事情的变化有时就像有人总结的一样，变化总比计划快。刚开始的时候，付涛还隔三岔五写信给卿卿，后来就不大写信。卿卿感到异样，但是隔着万水千山，一点办法没有。他们唯一一次用长途电话通话是卿卿收到付涛最后一封信，说有个当地的同事，一个拉中提琴的女人看上他了，他本来还是斩钉截铁地拒绝，可是挡不住人家美女巧有心机，有一天就沦陷了。电话里，隔着空气，隔着千山万水很远的路途，卿卿还是可以感受到付涛的歉意和挣扎。卿卿心里好难过，几年的好缘分就这样结束了？从南京东路电报大楼出来，卿卿没有回学校，她独自躺在床上发呆了好一阵。到夜间她感觉自己有点发烧，头烫，嘴巴干。但是她的神智蛮清爽，于是就自己到南洋医院，她喜欢习惯地叫“卢中心（卢湾区第一中心医院）”为“南洋医院”，挂了急诊。医生讲，没有大问题，似乎是太劳累了，抵抗力下降，感冒了，吃点退烧药，休息休息就会好的。回家的路上，沿马路的小烟支店传出邓丽君《爱的箴言》，歌词随着歌声飘出来，好像是故意唱给卿卿听的。卿卿回到家里睡不着，大考在即，她也没心思复习。本来她是有留校任教的可能性的，但是马失前蹄，大考考砸了。毕业后，卿卿被分到虹口区一个中学去教日语，她有点不甘心。托人走路子，调到了外资服务公司，从一个本来可以在大学里教书的职位变成了现在卖香烟、洋酒的售货员。第一天上班，她脑子里马上想起电影《渡江侦察记》里面大炮阵地前一个小姑娘拎着篮子叫卖香烟、洋火、桂花糖的样子，只是现在来买东西的人都比较有钱，而且人都是洋人罢了，她这样想。

卿卿正在瞎想的时候，进来了一个香港人，买了两条“三五牌”香烟走了。站在旁边的同事温芝芳没话找话地聊道：“香港人看起来也蛮有钞票的嘛。”

卿卿懒懒地回道：“总归比我们钱多。不过，再有钱还是比楼上洋鬼子要差点儿。听说他们工作一天，我们得工作一年。”

“是的。人和人不好比，也覅比。否则会气死的。”

卿卿突然想到温芝芳的男朋友，就试探道：“不过，你的男朋友应该属于有钱人。”

芝芳抱怨地说：“啥呀。门槛覅太精噢。除了请我吃几顿饭，从来没有给过我钱。”

卿卿听了安慰芝芳：“外国人就是那德性。桥归桥，路归路。不过看起来，马科还是蛮喜欢你的啊。”

芝芳承认道：“就是，要不是看在他真心的份上，我肯定不睬他的。他嘴巴最甜。”

卿卿小心地打听：“他家里是干啥的？”

芝芳说：“听他讲，好像他祖上是木匠，他阿爸是工程师，他小时候喜欢玩汽车,从柏林大学毕业后就到汽车厂工作了。听说到中国来可以多赚钱,就来了。”

“赚了,不仅钞票赚到,还赚了一个好太太。他喝啤酒吗?听说德国人喝啤酒老厉害的。”卿卿问道。

“他倒还好,蛮有节制的。他的同事大魁头,叫啥,哈茨曼,那个人才厉害,啤酒当水喝。”温芝芳说道。

“噢,就是上次买两箱啤酒的那个?”卿卿想起了哈茨曼的样子。

“对,”温芝芳指了指橱柜里的一瓶方形白兰地酒,“人长得像瓶白兰地酒瓶一样,下面是方的,上头就脑袋突出,结实得了不得。”

“我看他像一块大砖头。”卿卿咯咯笑道,问,“现在楼里有多少德国人?”

芝芳说,“我也搞不清,反正23楼以上都是德国人。他们蛮会玩。经常组织活动,上两月去淀山湖钓鱼。呶,对了,又要请我去跳舞了。”

“什么时候?”卿卿问。

“啊,你不知道?就是物业组织的圣诞节新年派对。圣诞和新年不是要到了嘛!”温芝芳有点讶异地说。

“哦,是这个派对,那,对,我今早收到通知了。那,我们一道去好唻。”卿卿想起了早上送来的通知,于是建议道。

“好的呀,人多热闹。”温芝芳马上同意。

圣诞派对办得很有特色,至少在当时的环境下是如此。每人带了一件小礼物是为了圣诞时钟响起时交换用的。

晚上七时许,舞会场地开始有人了,但非常少。卿卿、芝芳和马科还有哈茨曼属于早到者。见舞场的人不多,他们就闲聊。这时,温芝芳看见一位英俊的年轻人就热情地招呼,“汤姆,你这么早来啊。”

那个被称作汤姆的年轻人也高兴地回道,“我得早点来,万一有人因语言不通发生误会就不好办了。你们几个人?”

温芝芳向马科、卿卿和哈茨曼介绍道:“这是我们这里的翻译,人头很熟,以后有事找他保证没错。”又转身向汤姆介绍,“这是卿卿,我和她是同事,这两位德国人马科和哈茨曼。”

汤姆对温芝芳说,“噢,我晓得了,不过,我不会讲德语的。”

温芝芳说："没关系，他们都会讲英语的。"

汤姆见介绍完毕就对卿卿他们说："现在还早，先去吃点东西吧。他们准备了不少好吃的呢。有德国香肠，中国春卷，日本寿司，小牛扒，色拉，水果还有各色饮料，快去享用吧。"

为了方便，这顿饭实际就是自由选菜的模式：挑自己喜欢的菜肴美食放在盘中，然后找地方坐下边吃边聊。汤姆和温芝芳比较熟悉，就加入了他们一桌。

汤姆喝了一口啤酒先开话题，对温芝芳讲套话："怎么，最近忙啥？"

温芝芳说："老样子，天天不晓得忙啥。不像你认得的人多，活动也多。"

汤姆说："我还是像小三子一样。你晓得伺候人不容易，尤其是美国人。"

温芝芳饶有兴致地问："怎么美国人那么坏吗？"

汤姆说："美国人优越惯了，样样要合他心想，还蛮精怪的。上次不是有一个美国人要组合家具吗？做 entertainment center①，他想做得漂亮点，以后带回国去，反正运费是公司的，公司又是向中国人报销的。我就帮他找了木匠师傅，讲好价钱，等做好了，付钱时，他拿出人民币付账。木匠师傅就打电话给我，要兑换券。我就打电话给他，我说，你应该付兑换券。他装腔作势，装听不懂。我就说，外国人付人民币在中国是违法的。如果工人报告上去，你不是被罚款就是去坐牢。他一听要坐牢，才慌了，答应付兑换券。精吧？"

"如果他付人民币，这好像是不要钱白给他干活一般，少付一大半呢！"汤姆加了一句。

温芝芳讲："你做得对，有时候，我们也碰到外国人用人民币来买东西的。我们不卖给他的。"

聊着聊着，时间就过得很快了。于是，他们开始跳舞，马科请卿卿跳，哈茨曼请温芝芳跳，汤姆不知道什么时候搂上了一个姑娘也在跳。两支曲子跳完，他们又坐到了一起休息，但是和汤姆跳舞的姑娘并没有一道跟

① Entertainment Center 是指安放娱乐电器的橱柜或架子，比如，可用它放置电视机、音响和影像设备等。

过来。此时,卿卿似乎有所发现似地说:“噫,人怎么突然之间多起来了。”

真的是这样的。过了九点,来参加新年圣诞晚会的人一下子来了好多。人人手里拿了一件礼物。然后,各自找熟识的人找地方坐下用餐。

温芝芳说:“想不到,楼里的人还不少呢。平时怎么没有注意到。”

汤姆用眼睛扫描了一圈,道:“好像不都是我们楼里的。好几张面孔从来没看见过。”他看到一个衣着鲜艳的女孩,对卿卿说:“这个人就不是我们楼里的。”又朝另外一个看上去有点像学生的女孩望过去:“她好像也不是的。”这时,有一个棕色加白头发的外国人端着盘子走过来,汤姆老远就喊:“哈罗,里德先生,你也来了。”

那个被称作里德的人回道:“汤姆,你也在这里。自己一个人来的?”

汤姆指指同桌的马科、卿卿等:“和他们一起来的”,边说边站起身,介绍道,“里德,这是马科,这是哈茨曼,这是马科的朋友温小姐和她的朋友。”

里德就朝马科伸手一握:“戴维斯·里德。很高兴见到你。”等马科回应后,又朝哈茨曼和卿卿及温芝芳同样自我介绍了一番,然后说:“你们玩得愉快。”一闪身,飘然离去。

温芝芳就问汤姆:“他是干什么工作的? 看起来有把年纪了。”

“噢,他是工程师,美国人,是来帮中国人造飞机的。”汤姆回道。

“是否有很多美国人,此地?”卿卿问。

“是不少。”

汤姆朝一个壮硕的黄头发男子看过去:“那个人也是美国人。不过他最坏。”汤姆推了推眼镜,“听说他经常换小姑娘,大楼里有反映。现在叫他住到其他宾馆去了。听说到了其他宾馆后,更加不得了,天天做新郎了。”

温芝芳问:“他叫什么名字?”

汤姆答道:“姓氏不知,人家都叫他亚当斯。”

这时,响起了一支圆舞曲音乐。

汤姆转头对卿卿邀舞:“我请你跳这支舞,好吗?”

卿卿略一犹豫,马上答应了。于是两个人进入舞池。

汤姆以标准的舞姿搂住卿卿的腰,脚步随着乐点移动,一看就是会跳舞的人。汤姆在卿卿耳边轻声说:“我一看见你就觉得有眼缘。”(前面半句是沪语，后面半句因为“眼缘”上海话不太好发音就变成了国语。）

卿卿笑道：“你嘴巴蛮甜的。什么地方练的？”

汤姆笑着回答：“外国人地方练的。”随后，又对卿卿说，“我可以（晚会）结束后送你回去吗？”

卿卿仍然是笑着回答：“你花样倒不少嘛。刚刚认识哎。”

汤姆说：“我怎么觉着认识你很久了。”

卿卿顶了一下汤姆的胳膊：“小阿弟，不要东想西想，好好跳舞。”

汤姆反抗道：“我感觉你比我小哎。你几岁？”

卿卿笑出声来：“你做翻译不晓得外国人不问女人年纪的吗？”她停顿一下，“不过，反正我比你大。”

汤姆想想没有其他办法，只有套她了：“我是六二年的，比你大吗？”

卿卿不正面回答：“反正我是你阿姐。”

汤姆失望地：“真的？”

卿卿没有回答汤姆的问题，却赞说：“你舞跳得蛮好。什么时候学的啊？”

汤姆说：“学外语的嘛，总归要学一点，应付场面的。我读书时候就会跳了。”

这时卿卿看到一个熟识的身影进来了，后面还跟着一个看起来还算漂亮的女孩。她马上跟汤姆说：“哎呀，对不起，我朋友来了。”

汤姆就只能送她回原座。正好，圆舞曲也以一个长音结束。

卿卿看到的是吴国斌，后面跟着的是汪颖。原来吴国斌想单独和卿卿聊他有了女朋友的事儿，可是转念想想，他和卿卿之间什么也没有发生，这样讲是否有些“此地无银三百两”的味道？正好今夜有派对，他就想用这种间接的办法告诉卿卿自己的情况。因为舞曲停下来了，人们各自回到自己的桌边，这样老远吴国斌就看见卿卿和温芝芳他们了。吴国斌就过来打招呼：“啊，卿卿，芝芳，好。”

温芝芳一见是吴国斌，又带着个女的，就酸酸地调侃，“怪不得这么晚来，原来忙着呢。”

吴国斌没有理睬温芝芳的话，指着汪颖对卿卿说：“忘记介绍了，这个是我的女朋友汪颖。她今夜有夜课，上好课才过来，所以迟到。否则，早就来了。”

卿卿对汪颖点点头，算是表示善意的招呼，又对吴国斌说：“怎么这么用功，什么时候了还读书，上什么课呀？”

汪颖说：“夜校补补课，将来总是有用的。”

温芝芳也追问：“上什么呢？”

吴国斌说：“她在读护理专业的课，说不定今后能派上用场。”

汤姆在旁好心地问：“饭吃过了吗？没有吃过的话，还有些剩的。”

吴国斌对汤姆谢道：“在外面吃了点。不饿。”

此时，舞曲又响起来了，吴国斌要汪颖去弄点喝的饮料，他要请卿卿跳一支曲。

汪颖离开了，吴国斌就和卿卿来到了舞池里。那边汤姆请温芝芳跳舞去了。舞曲不久，吴国斌看到大块头哈茨曼和汪颖跳上了。吴国斌对卿卿柔声地叙道，“我本来想找机会告诉你的，一直没找到机会。她是我过去单位的同事，对我很好的。没有她帮我，辞职不会容易的。”

卿卿好像心不在焉地听着舞曲，并没作声。吴国斌继续道：“我考GRE后，争取早点出去，她在学护士，也可以出去，听说外面护士很吃香，工作好找。”

卿卿终于开口了：“我替你高兴。变化很大，一年左右。好事儿。”

吴国斌真诚地说：“没有你帮我，一切都不可能。”

卿卿：“不是我帮你，是你命好。”

吴国斌说：“汪颖想明年春节时候结婚。”停了一下，邀请道，“到时候你一定来吃喜酒哦。”

卿卿一时没有回答，过了一会才说：“到时候再说。”

舞曲结束时，两个人回到了各自的座位。这时，一个组织者向大家介绍说：“下面我们请托尼给大家演唱一首英文歌曲，这首歌也是献给他未婚妻莉莉的新年礼物。大家鼓掌欢迎！”

托尼实际是香港出生的美籍华人，年轻时赴美就读工商管理专业，打拼了很久，总算因为中文特长被美国公司录用，职位是翻译兼办公室主任，名字好听，实际就是打杂和协调与中方关系的活儿。最近不知怎么追上了一位本地女子，所以，今晚动情献唱，他唱的歌曲是一九八〇年肯尼·罗杰斯的《夫人 Lady》，他拿了一把吉他，本来众人以为他只是凑热闹，随便唱唱，没想到他一开口，竟然模仿得那么像，无论声线、吐字，一听绝对练过不知多少遍，当唱到，

Lady,
Your love's the only love I need
And Beside me is where I want you to be
'Cause my love
There's somethin' I want you to know
You're the love of my life
You're my lady①

他看上去蛮激动的，台下面一个身材高挑且丰满的女子走到台前面和他相拥。卿卿马上问汤姆："怎么回事，这个是谁?"

汤姆不动声色边看边回答："她是托尼的未婚妻，听说比托尼小二十五岁，她的老爸是沪上蛮有名气的画家。就是搞不懂她怎么会找不到男朋友的。老姑娘，毛四十了。"

"那么讲起来，托尼有六十多了?"温芝芳好奇地问。

"大概是吧。"汤姆回道。

"老男人魅力无边。"汪颖开玩笑地打趣。

这里正在议论别人的私事，托尼已经开始唱起了约翰·丹佛的《回乡之路》。

马科评价"托尼唱得不错啊"，并调侃他的女朋友温芝芳："Lisa(丽萨)，你不是经常唱歌吗? 上去唱一个。"Lisa是温芝芳的英文名字。

丽萨假嗔道："马科，你别胡说。"回头对卿卿："我看你应该上去唱，否则风头都被歪果仁(外国人)抢去了。"

汤姆在旁添油道："丽萨讲得对啊。"

卿卿说："我唱不好，再说，中国歌里好像找不到应景的曲子。"

---

① 歌词大意是，夫人，你是我挚爱，我愿你时刻在我身边；我的爱，我要你明白，你是我生命中的真爱，你是我的夫人。

温芝芳，想了想："倒也是。好像是有点难度。这下我们坍招势[①]啦。"

汤姆问："谁会其他的技艺？比如，杂技，舞蹈……"看看没有人反应，只好自己嘟哝道，"实在不行，写写字也可以。"

卿卿听汤姆这么说，脱口而出："写字我倒可以的。"

温芝芳一听马上激动起来，"汤姆，卿卿会写毛笔的。快点叫她上去表演。"

卿卿连忙摇手，"我说说而已，说说而已"，于是，她又找借口："而且也没有纸笔，怎么写？"

汤姆说。"我想起来了，物业办公室好像有啊，物业经理老杜不是爱写字的嘛！"

温芝芳赶紧怂恿汤姆。"你脚头快，快点去弄纸笔。"

汤姆真的就去了。

等托尼唱完，大家一阵掌声，随即又开始跳舞。可能是比较接近子夜了，DJ，就是管播放音乐的人，播放了美国 1978 年的当红歌曲 YMCA，所有外籍人就开始疯狂起来，又吼又叫，又做手势比比画画，一阵群魔乱舞，兴奋不已。奇怪的是，连马科和哈茨曼对这支曲子也显得十分熟悉的样子，坐在位子上做手势比画，屁股还一抬一抬的，嘴里喊道："Who leads the parade?"（谁领头欢舞的？）随即像孩子一般咯咯大笑。

这支歌连放了两遍，主持人再次出现，宣布开始布交换礼物。来参加派对的人都有登记名字，主持人随机拿起一件礼物就叫一个人的名字。被叫到名字的人上去领礼物，不可以挑了再挑，只能挑一次，拿到什么是什么。不喜欢的话，私下可以调换。

现在叫到卿卿了。她拿到一本书，打开一看，是温芝芳带来的《名人箴言》，大家一阵奇怪，卿卿打开书读了起来："大家听听，名人的话，'人生就像骑脚踏车，为了保持平衡，你必须一直前进。'谁说的？"

"猜不出！"大家一致反映。

"大家记住，是爱因斯坦，他踏脚踏车。"卿卿提示道，"再给你们猜一句，'没有人事先了解自己到底有多大的力量，直到他试过以后才知道。'谁的话？"

---

① 坍招造势，沪语，丢面子之意。

大家又是不晓得。

“歌德，歌德。芝芳，谢谢你哦。至理名言带回去。”卿卿开玩笑地说。

这时，主持人叫到汪颖的名字，汪颖看见圣诞树下有一个包装比较漂亮的纸盒，于是就挑了。拿到座位上，卿卿马上发现这是自己带来的礼物，不过她没有作声，装作不知道。汪颖拆去包装纸，打开盒子，发现里面是一对精致的头饰，她开心地笑了。“这个倒不错，”她心里想。一旁的温芝芳也认出这是卿卿的礼物，刚要点开，看见卿卿朝她眨眼睛暗示，就把要讲的话吞回去了。恰好，汤姆气喘吁吁地过来了，打开一个布袋，从里面拿出墨汁、毛笔、宣纸。汤姆走到主持人那里同他耳语了几句，主持人就让大家安静：“现在有一个特别节目，让各位来宾领略一下中国的书法艺术，我们的特别嘉宾是外服公司的卿卿小姐。现在请卿卿小姐上场为大家表演。”主持人宣布完毕，大家鼓掌。

卿卿没有办法了，她想，原来自己只是随口一说，现在不得不上台了。说实话，她练书法一则是受父亲影响，另外原因就是她当时学日语，就觉得书法很重要，听人家到过日本的人说，书法写得好会让日本人敬你两分。没有想到，现在要拿本事出来了。推是推不掉的，现在不上去写两笔，比不上去更加丢人。所以，卿卿硬着头皮上台，将宣纸铺好，宣纸的四角用酒瓶、水杯压住，然后打开墨盒，她先用矿泉水瓶子往盘子里倒了一点水，这样可以让毛笔湿润一下，然后把毛笔中的水挤出来，再用毛笔蘸上墨汁，又将笔在墨盒边蹭了蹭，一挥手写了“新年快乐”四个字。等了两秒，让墨汁干一下，主持人帮忙把酒瓶和水杯挪开，一起将写好的墨宝展示开来。于是，大家一起鼓掌。主持人指着四个字不断地用英文解释说，“Happy New Year! Happy New Year!”

等卿卿回到自己的座位，大家齐来恭贺，吴国斌说：“想不到你真人不露相。侬结棍①。”

汤姆则说：“人跟字一样漂亮。”

汪颖对汤姆说：“你也有功劳。要不是你脚快，字就写不成了。”

温芝芳就说：“那么我们以后就叫他飞毛腿汤姆。”

汤姆不好意思地自嘲道：“我是啥飞毛腿，最多是神行太保罢了。”汤

---

① 结棍：沪语，厉害的意思。

姆并不喜欢温芝芳给他的绰号，但是又不能得罪温芝芳，所以自嘲解围。

现在快到子夜了，大家开始计时，然后一起高声数数，8，7，6，5，4，3，2，1，Happy New Year！ Happy New Year！ 新年好，新年快乐，贺年声响成一片。

哈茨曼一口干掉杯里的残酒，起来挨个拥抱周围的人。马科也开始和大家拥抱，还亲了一下温芝芳的额头，嘴里喊着 Happy New Year！ 此时，DJ 播放起英国乐曲《友谊地久天长》。

吴国斌本来也想学着两个老外的样子拥抱一下卿卿，转念一想，就换作和卿卿碰杯祝贺新年。他一手搂着汪颖的肩膀，在喧嚣的嘈杂声中，对汪颖耳语："我们明年肯定交好运。"

美国人戴维斯·里德自己找了一张高脚椅坐下，实际上他只有半个屁股倚在椅子上。他手里拿了把吉他，开始唱《平安夜》。头上的白发暗示了岁月的沧桑，他怀着深情的目光对着他的太太温柔地唱着这首守岁歌。大概有人觉得守岁已经守过了，明天还要上班，就开始陆续离开了。卿卿他们一桌的人也准备走了，卿卿和吴国斌他们告别了马科和哈茨曼准备回家了。隔着舞台看到几个中国女子还在和几个老外跳舞。汤姆贼兮兮地挥手，叫道，"Happy New Year！"那几个女孩朝汤姆这里望了两眼，并没有作出回应。卿卿和吴国斌及汪颖就往门口走去。汤姆要送卿卿，卿卿婉言谢绝了："我离此地不远，应该没有问题的。"可是，汤姆执意要送，说："送到重庆中路路口就好了。"卿卿不好再推却，就默许了。

重庆中路就在附近，所以，没有走多久，卿卿就说可以了，不用再送了。马路上行人稀少，而且这里又是复三里委[①]管辖区，相对是安全的。汤姆就停下来，对卿卿说："我对你真的很有好感，希望我们能成为朋友。"

卿卿一笑："我知道你是个非常出色的人。但是，我确实比你大，而且你实在不了解我。"

汤姆说："了解可以慢慢来。反正有的是时间。"

卿卿听了一笑，心里说，恐怕留给你的时间不多了，嘴里说："那慢慢再说吧。"

于是，俩人就地道别。

---

① 复三里委是复兴第三里委会的简称，行政上隶属淮海街道管辖。

吴国斌带着皮手套，一手搂着汪颖送她回去。汪颖住在陕西南路，而吴国斌住在合肥路，间距虽然不远，但是来回走一趟，还是要费点时间的。俩人相偎依地慢慢走着，当时的恋爱青年将这种趟马路称之为“压马路”，尤其在淮海路上是夜晚一景。

汪颖对吴国斌说：“今天蛮开心的，还认得了你中学的老同学和汤姆他们。派对不错。”

吴国斌心里倒是有些说不出的郁闷，说是醋意也不全是，反正他不大高兴汤姆送卿卿回去。可是，这和他又有什么关系呢？好像没有关系，他不是已经够幸福了吗？人就是这样的，有一种替古人担忧的心态，有一种替美女操心的情怀。

回家时，他先乘26路电车，又调12路电车，然后走路回家。26路电车和12路电车都是双节车厢的，载客量大，车顶有两根“小辫子”连接着悬在空中的电缆。夜已很深了，现在车上倒是没什么人了，吴国斌坐在车上有一种当初《列宁在十月》里列宁从德国回到俄国时从事革命活动化妆坐夜车的感受，车里空空荡荡的。吴国斌一想到结婚的日子近了，他心里似乎有点紧张或者说是压力。

他真想放松一下自己。

# 6

八十年代的时候，结婚最流行的是三转一响：缝纫机，凤凰牌或永久牌自行车，收录机和上海牌石英手表。这些对吴国斌来说已经不是问题，实际上，他还弄到了一部电视机，这在当时是抬眼落睛①的东西。

吴国斌倒无所谓在哪里办酒席，但是考虑到汪颖是江苏人，就答应了汪家的要求：在淮海中路的“绿杨邨”办酒席。吴国斌跟汪颖商量是否尽量办节省点，因为出国后不知要用多少钱，他有点担心。汪颖则认为结婚是一次性的，仪式很重要。况且，酒水钱不够家里会补贴的。吴国斌认为，话是这样讲，可是问家长拿钱总是不大好。不过，最后结果也不错，来的亲戚朋友要么送了礼物，要么送了贺喜钱，结算一下支出没有预算的多。

当时结婚流行发喜糖，就是用喜糖袋装八颗糖，最好是成对的花色糖，比如，太妃糖，大白兔奶糖和玻璃纸包的高级酒香巧克力糖等等。关系好的邻居或人口多的家庭一般发两袋至四袋，关系一般的发一袋到两袋。这个习俗是蛮重要的。这种发糖就等于是发公告的意思：我结婚了。

那个时候，食物相对便宜，二三百块一桌的宴席可以吃得不错了。“绿杨邨”主要是经营淮扬菜系，当时在淮海中路上属于中档餐馆，地点离两家都不远，而且里面的经理又是汪颖父亲的朋友。这样菜式也定下来了。图个吉利，冷盘计有八个：白斩鸡、皮蛋拌豆腐、四喜烤麸、土豆色拉、醉草虾、水晶肉、开阳萝卜丝、熏鱼；热炒计有十个，意思是十分热闹：糟熘鱼片、蒜香炝虎尾、清炒蛏子、清炒虾仁、扬州干丝、蚝油菜心、狮子头、清蒸全鱼、草头、酸辣黄鱼羹；汤是腌笃鲜；主食：香菇菜包和扬州炒饭。如果你细究的话，可以发现，中国的饮食文化是和性相关联的，婚宴就更是

---

① 抬眼落睛：让人吃惊，羡慕。

展现这种饮食中性文化的绝佳机会。这种所谓的性文化没有低级的猥亵，而纯粹是传承下来的图吉利或说是一种将古老的性图腾在饮食中具象化的表现手法，吴国斌婚宴最后的主食有附加条件：男宾吃包子，女宾用炒饭；甜食：桂花条头糕和莲藕糕，也有附加要求，男宾享用莲藕糕，女宾享用条头糕。

主席上，亲家见面，汪颖的父亲和吴国斌父亲一交谈，原来还在同行业有互相认识的人，这就有谈兴了。汪颖父亲汪青山对吴国斌的父亲吴生力说："按理说，你也是老革命了，怎么一直在工厂，没想换换岗位？"

吴生力说，"俺是文化不高，否则也不会一直原地踏步。现在年纪大了，身体也不如从前壮实，明后年就退了。"汪颖的妈妈和吴国斌的母亲也似乎合得来。这让吴国斌心里非常高兴，把卿卿没能来参加婚宴的阴霾扫去了。

卿卿尽管没有来吃吴国斌的喜酒，但是，她送了一套十分精致的日本漆器果盘给吴国斌作为结婚贺礼。一套果盘里包括三个小盒和四个小蝶。这是卿卿费了心思从外贸公司托人买来的。说是日本漆器，意思是日本的风格和设计，生产是在中国。故而，卿卿能托人弄到。卿卿一天到吴国斌办公室将礼物送给他，说："谢谢你的邀请，正好不巧，你初三办事。我初三下午的飞机飞东京。实在抱歉。虽然早稻田大学正式开学要到秋季，但是导入班是四月开学。既然签证已经下来，我想早点过去，找份工作，开学时候就不用为学费和生活费担心太多了。"

吴国斌酸酸地说，"我懂你意思。但是你到了那里，一定记得写封信给我，这样可以保持联系，如果我到美国了也好跟你联系。"吴国斌端详着卿卿，第一次在心里将她和汪颖作了比较：汪颖蛮漂亮的，但是，卿卿的眼睛更明亮清澈，下巴也更性感。除此而外，卿卿比汪颖略高一点，让她显得更加苗条。原来读书时大家封她为班花主要就是她的眼睛吸引人。而且，卿卿似乎比汪颖更善于打扮，她穿在身上的衣服总是那么合体，看着舒服。

卿卿说："这个，你放一百个心到肚皮里。"她停顿了一下，继续道："我虽然有亲戚在外面，可是我想，还是一切靠自己，不能太依赖亲戚。我妈也是这个意思。"

吴国斌说："我真的有点舍不得你走。"

卿卿心里有点惆怅，但是表面仍然很坚毅地说：“你现在爱情事业双丰收。我是一无所有。”

吴国斌沉默一些时候，用几乎哀求的口吻说：“出去一定要当心，要保护好自己。万一有啥事马上讲一声，我一定全力以赴。”

卿卿好像被感动了一下，用力点了一下头。“但愿……”她没有讲下去。

吴国斌送卿卿到电梯口，迟疑了一下，说：“拥抱一下吧，再见不知在何年。”

卿卿惯性地或者说是听话地张开双臂拥抱了吴国斌。这时电梯的门不知怎么就开了，两人有点局促，便分别了。

当吴国斌结婚的酒席结束之时，卿卿的飞机已经在东京落地了。

# 7

好的婚姻不仅给人以身心的愉悦，通常也带来好运。

中国对外开放的门开得更加大了，吴国斌的工作是越来越顺手了。吴国斌的东家去年在中国赚了二千万，为此老板特地奖励了他一万元。现在老板和那个女秘书出差去成都了，办公室就剩他一个。吴国斌想，正好趁机看看资料。中午时分，突然警报响起，随后有大喇叭要求楼里除了病残老弱之外的人全部出来。吴国斌就匆匆地下楼去了，到了底楼就碰到服务台的小蔡——小蔡就是吴国斌第一次来公司报到时接待他的门卫，现在两个人熟络了。吴国斌就问小蔡："发生了什么大事？"

小蔡说："这是一年一度的消防演习，大家都到外面，最多十五分钟结束。"他加了一句，"这是为了大家安全，提高安全防范意识。"

吴国斌想想也对，现在快到中午，该上班的人都不在楼里，只有极少数像他一样的员工还会在此地上班。于是，他走到外面走廊，看见有不少人已经站在大楼前面的庭院里，还有一辆救火车。两名消防队员正在测试消防设备，另外两名消防人员穿戴完整地进入大楼去检查太平斧和消防栓等一系列消防器材。

这时，吴国斌看到汤姆也在人群里，因为他晓得卿卿和汤姆根本什么也没发生，所以，以前的一点醋意早就没有了。他高兴地同汤姆打招呼道："大翻译，你也在啊。"

汤姆说："阿哥，很多日子没有看到(你)了。又发财去了？"

吴国斌说："老样子，没有啥新花头。"想想，邀请汤姆道，"我们去喝点咖啡吧？反正要有些时间。"他指演习不会那么快结束。

汤姆同意道："好的呀。就到公园里的咖啡厅好了。"

复兴公园内小卖部旁边的空间原先是喝茶的地方兼做棋牌室，现在改成了喝咖啡的咖啡厅。吴国斌以前几乎每天来小卖部买冰水。那个时候因为冰箱还没有在沪上流行，而沪上天气又闷热，当时流行自制酸梅汤，其中最重要的一项是要有冰水。四分钱一热水瓶的冰水冲开酸梅汤原汁，嘬一口，清凉解渴，好喝极了。所以，吴国斌老远看见小卖部时就想到小时候来买冰水的情形。现在，两个人在咖啡厅外面的凉棚里坐下，汤姆点了纯咖，吴国斌要了奶咖。那时还没有什么“拿铁”“卡普奇诺”这类古怪名字和品种，两人还点了糕点。正值中午时分，阳光明媚，温度不冷不热，俩人心情蛮好。汤姆开始吹嘘他到过多少高级宾馆和餐厅，然后又开始数落楼里的一些闲碎琐事。

“你知道吗？上次我们开派对时候碰到的一个蛮漂亮小姑娘最近进去哉。”他告诉吴国斌。吴国斌似乎想起了那个惹人瞩目的年轻姑娘，于是问：“犯事了？”

“傍老外。小赤佬，年纪轻轻不好好读书，想走捷径，那怎么可以？”汤姆说。

“她叫什么名字？原来做什么的？”

“好像人家叫她王晓萍，可能是个学生。”汤姆说。

吴国斌听说不由感叹：“蛮好的女孩，为什么非得走这条路。要出去嘛，可以想其他办法。大家都想出去，可是不要拿自己当赌注。像我，托福考过，也有机会出去……”他突然感觉听者是汤姆，于是刹车了。

汤姆耳朵尖，马上就反应道：“什么，你也要出去？什么时候？”

吴国斌辩解道，“我只是这样说说，八字还没一撇呢。”

汤姆感觉吴国斌不大相信自己，就说：“阿哥啊，我拎得清的。不会讲出去的。你放心好了，反正我是不会出去的！”

吴国斌愣了一下，问道：“为什么？你有条件啊！懂外文，脑子灵光。”

“阿哥啊，我和你讲老实话，第一，我外面没有亲戚朋友，寻不到担保；第二，我家里负担重，我是长子，下面阿弟阿妹全部要靠我的。”

吴国斌问：“那你爸爸妈妈呢？”

汤姆说：“我妈老早退了，工资太少。你知道为什么吗？我发现台巴子太坏了。我老娘原来不是在棉纺厂工作吗？上面阿乌，说什么设备太落后了，全部关闭。上海所有纺织厂全部关掉，所以，老娘只好退休了。更加可恨的是，原来单位分给我老娘一套房子，莫名其妙没了。你去找单位讲道理，单位也没了，你到纺织局去，连纺织局也撤销了。你还能怎么办？我爸没有啥文化，工资低，日子不好过。如果我一走，是不是家里要有困难？我不想那么自私。而且，我听我同学说，外面需要的是学理工科的人，学文科出去就是插队落户。为什么要自寻烦恼呢？我是学外语的，到外国去，人家英文是母语，我去拼人家的母语，不是以短处去拼人家长处吗？”

吴国斌安慰道：“我觉得你讲得有点道理。我如果出去，也就是想学些比较先进的东西。不过，现在八字没有一撇，还早咪。”

“现在是春季，如果要出去读秋季班，现在应该开始申请了。”汤姆告诉吴国斌。

吴国斌想，说是不出去，情况倒了解得蛮清的，于是说：“还是要看额骨头(运气)，像卿卿这种外面有人担保的就比较方便……”

“什么？你的意思，卿卿已经出去了？”

吴国斌点点头。

汤姆道：“怪不得看不到人了。跑得蛮快的嘛！”

吴国斌说：“如果你想要出去还是有机会的，此地这么多外国人，你找个担保没有问题的。而且出去后，可以换专业。不一定一定要学语言嘛！”

汤姆回答：“我也想过，但是，我们过去，你知道的，读书没有好好读，换专业？文科换来换去这几个专业，理工科嘛，基础太差。我想，我还是留在中国，从趋势看，中国以后的机会肯定多。我不出去，但是，”汤姆犹豫了一下，“我可能会换单位或做其他事情去。”

吴国斌问：“难道此地不好？不对你胃口？”

汤姆说：“讲老实话，此地就是混饭的地方。工资是固定的。工作就像是做佣人。碰到好说话的还好点，碰到不好的，成天都是闹心事儿！还不如到工厂做工呢！”

吴国斌道：“做一行怨一行，也是。”

汤姆辩解说：“不是这样说法，主要是没啥意思，感觉浪费青春。虽然读书少，毕竟是大学毕业的。我听说楼上几个美国人，一个钟头赚五十美元，你想想看，一天就是四五百，一年就是十万，十万乘八，我一辈子也赚不到啊。那，什么，不是还要结婚吗？找老婆，上有老，下有小，忒辛苦了。”

吴国斌听后默然无语。

这时，他俩看到远处聚集了很多人。于是，站起来，汤姆看着远处，问：“怎么那么多人围在那里，看看去！”

吴国斌同意。两人朝人堆走去。不过，他们还是看不出什么名堂，于是就问人群，这么多人在看什么？

有知道一点内情的人就主动显摆：“你们都不知道啊？人家是在拍电视剧。”

汤姆就问：“拍什么电视剧？”

那人告诉汤姆：“好像是拍爱情电视剧《三月三》，老好看的。”

汤姆想，还没有拍好，他就知道老好看了。于是又问：“怎么没有看见演员呢？男女主角都是谁呀？”

那人指点假山说：“在后面呢，导演在给他们说戏。”

汤姆点点头，表示知道了。这时，他看见剧组里一个工作人员朝这边走来，一看认得，就叫道：“贾敏，贾敏，你怎么在此地？”

贾敏开着国语：“我是借调过来帮忙的。你怎么在这里啊？”

汤姆回答：“我在那儿上班。”他指了指高耸突兀的大楼说，“中午跟朋友出来喝咖啡，正巧。”汤姆指指身边的吴国斌。

周围的人开始插话：“哎，男主角是谁？女主角是谁？”

贾敏没有回答他们，继续跟汤姆说：“朋友混得不错，跟老外混。”

汤姆说：“还是你好，天天拍电视。你怎么转行了呢？”

贾敏说：“我爸的老朋友是电影厂的，托人要我学学演艺，总比在外头瞎混好。”

这时，制片招手喊：“贾敏快点过来，导演找。”

贾敏赶紧对汤姆告别：“我要上班了。”

汤姆回答：“好，有空来玩。”

吴国斌问汤姆，“那个是你什么人。”

汤姆说，“我中学同学，小时候调皮捣蛋，不过脑子蛮聪明的。他老头子有办法，喏，现在混到电影厂去了。”

两个人到大厦时，消防队早已经无影无踪了。因为吴国斌感到汤姆今天跟他讲的都是内心话，两个人关系似乎近了很多。吴国斌邀道：“要不，到我办公室再去坐坐。”

汤姆说：“算了，下次有机会，这儿说不定有什么事，老板会找。”

吴国斌独自回到办公室，感到有点心里有点空虚。他好像突然感到无所事事，于是提起电话，接通了郭俊。郭俊接了电话就说："我就知道你会打电话来的。"

吴国斌觉得郭俊误解他了。他打电话给郭俊实际就是想聊聊天，没有其他意思。现在郭俊一提，他忽然觉得，可能吗？否则为啥打电话给郭俊而不是其他人呢？于是，他没有出声。

郭俊自说自话，像数来宝一样开始絮叨："我告诉你，你已经是结了婚的人了，还是要经营自家的小家庭。我的签证昨天刚刚拿到，夏天就叉路[①]了。"

这倒是新闻，吴国斌赶紧问："你真行。听人家讲，拿签证不容易。你有窍门？"

郭俊得意地说："我嘛，靠爷老头子牌头，他是哥伦比亚大学的校友，他老早的同学现在是 NYU 的教授，路子对上了，一枪头。"

吴国斌心里想，好像蛮有路子啊，嘴巴却不争气地换了话题："那么，卿卿怎么了？"

郭俊得意道："我就知道你会问她的。告诉你吧，她也蛮好。她大舅妈在那儿，所以，一去就有地方落脚。加上她日文好，语言过关，马上就有工作，一个月有十万日元，学费全免，日子过得不错。"

吴国斌又调转话题："那你什么时候走，我送送你。"

郭俊说："我还没最后定下来，现在忙机票呢，不好买。"

吴国斌一听，马上提议："美国西北航空公司代表处好像在六楼，要不要我帮你打听打听，看能不能帮你弄张机票。"

郭俊说："那么好的呀。朋友帮忙。"

吴国斌心里有点急，GRE 和托福考试都已经完成了。可是录取通知书还没收到。而现在，郭俊连签证也拿到手了。他很想知道自己的申请到底是进行到哪一步了，于是坐下给学校写信，他想问问系主任，申请表收到了吗？奖学金有着落吗？也许是老天故意的安排，就在吴国斌去机场送走郭俊之后，他回家就收到了美国学校的录取通知书。那天天气不错，郭俊一家及一些亲眷都将郭俊送到了登机口。那个时候，没有恐怖分

---

① 叉路：沪语中走开、离开的意思。

子一说，所以送机一直可以送到候机厅里。郭俊将自己两个阿哥介绍给吴国斌："这个是我小阿哥，郭涛，这个是我大阿哥，郭平。以后有什么事，你们互相帮忙。"吴国斌当即表示，没问题。等吴国斌回到家时，他的阿妹就神秘兮兮地告诉他："海外来人啦。"——这是一部电影[①]里的台词，吴国斌马上问："有我信？"

他阿妹叫吴秀华，比较会撒娇，对吴国斌嚷道："请客哦，否则不给你。"

吴国斌急了，但是转念一想，开始哄他妹："如果你乖乖拿出来，我就带你去看外国电影。"吴秀华确认道："真的？你讲话算数吗？"

"你还不相信我啊？肯定算数，向毛主席保证！"吴国斌信誓旦旦。

"那么好的，呶，信。"吴秀华从袖子里将信取出交给她阿哥。

吴国斌先是确认了信封，看了学校的名字，又查邮戳，然后才撕开信封。

大信封里有三页纸，一页是录取通知，另一页是简单的行程指南，最后彩色的一页是当地中国同学会写的欢迎新生的信及联系人名字和电话。吴秀华好像比吴国斌还兴奋，吵着要吴国斌翻译给她听。吴国斌就开始粗线条地解释："他们讲，我看看，哦，是系主任说，祝贺我被录取。这个字不认识，我查查字典。"吴国斌赶紧取了字典来查，"是告诉我，学费可以免除，但是生活费、学杂费要自理。不过，系里给我 RA，等等，是 research assistant(研究助理)，一个月付我 750 块美金。"

吴秀华啧啧道："乖乖，这下发财了。哥，你用不完，省点下来给我用哦。"

吴国斌回道："还没去呢，就开始讨钱了。真没出息。"

吴秀华笑道："跟你开玩笑。下面还有啥？"

吴国斌："是开学日期，联系电话等。"

"那么还有一张纸上讲什么？"吴秀华问。

吴国斌看了半天，慢腾腾地："这是讲，如果坐飞机到，这个什么意思？哦，查查看。"他又翻字典，"嗯，是城市名字，休斯顿，如果坐飞机到休斯顿，开车到 College Station，什么意思，大学站？坐 greyhound，这个是什么

---

① 电影《铁道卫士》中台词。

冬菜[1]?”

吴秀华急道,“快查查。”吴国斌又开始翻字典,“是灰狗,什么意思?看不懂,反正是叫我乘灰狗的意思去学校。”

吴秀华调侃,“没有想到,我哥现在是美国人了。”

吴国斌纠正道:“我才不做美国人呢。我只是留学生罢了。”

“吆吆,还蛮爱国的嘛!闲话少讲,马上请我看电影去,国泰在演《冷酷的心》,我蛮喜欢看的啊。”

吴国斌笑道“明朝,明朝”,又歇斯底里大喊三声,就骑上脚踏车去丈母娘家里报喜去了,吴秀华在后面追着直骂,“小人,赖及皮[2],说话不算数。”

吴国斌被美国学校录取,对汪颖来说当然是件大事,实在的,对她一家都是件大事。连平时很少回家的汪颖的哥哥汪敬都回来参加今晚的家庭聚会了。大家这种“望婿成龙”的心情是可以理解的。汪颖最起劲,她要吴国斌准备这样,准备那样,吴国斌说:“还早咪,急啥。”

吴国斌说早是有道理的,因为签证还没拿到。

美国驻沪领事馆坐落在淮海中路和乌鲁木齐路口,这几天可能来签学生签证的人多,领馆门口经常聚集不少人。实际上真正来签证的人没有那么多,很多是来打探消息的,也有人是陪客或是来凑热闹的。吴国斌和汪颖来的时候已经有不少人,因为有点混乱,所以,有热心的人提出要排队、编号,省得有人插队。于是,一条不知道哪里弄来的麻绳就把真来签证的人和来打眼探风的人分开了。快到十一点时,终于轮到十个人一组吴国斌那一组了,门口武警战士点了人数,让这一组人进入。吴国斌来到庭院,无心观望周围,脑子里一直在温习演练与签证官可能的对答。外面很多人都在传有个特坏的签证官,时常故意刁难学生签证的人。听说里面是两个签证官同时工作,所以,吴国斌心里又祈祷别碰到那个传说中的瘟生签证官。等轮到他时,他看到签证官是个中等个子的金黄头发白人男子。签证官看了一眼吴国斌,淡淡地问了一声,“你是吴国斌?”

---

① 冬菜:沪语诙谐语,东西、玩意的意思。
② 赖及皮:赖皮的意思,这样写,表示已经赖到极致了。

吴国斌机械地“嗯”了一声。他等待签证官的继续发问，反正他觉得该背的已经背得差不多了。

只见那个签证官略翻了一下吴国斌的申请材料，然后翻开吴国斌的护照，扫了第一页一眼，就直接翻到最后一页，写了些什么，随后说，“吴先生，你可以走了。”

什么也没问啊！这和吴国斌脑子里想象的景象有很大出入啊。不过，一切发生得很快，吴国斌就走出了美领馆。他不知道（签证）是批了还是没批，直到走出领馆，才打开护照来看。此时，汪颖不知道从哪里冒到吴国斌身边，急切地问：“签到了吗？”

吴国斌茫然不知地回答，“我也不清楚，啥也没有问我呀。”他翻到护照最后一页，仔细和汪颖一起看，上面只有潦草的“214B”字样，其他什么也没有。

汪颖问：“什么是 214B 啊？”

吴国斌说：“我也不懂。”

倒是一旁凑热闹的人冒了一句：“就是讲，你有移民倾向，被拒签啦。”

这句话如同一盆冷水浇在吴国斌和汪颖的头上，这不是前功尽弃了吗?！这不是等于被美国鬼子判死刑了嘛?！

两个人沮丧地往家里走着，心里烦躁。汪颖就问：“你是不是问题没有回答好？”

吴国斌说：“就根本没问我问题，直接就写字让我走了！”

汪颖说，“那你怎么这么笨，你不会问问清楚？”

吴国斌说，“他叫我可以走了，他自己也跑进里间去了，窗口边就没有人了。你叫我问谁去?！”

被拒签是个大事体，直接关系到吴国斌的人生道路。那个晚上他没有睡好，而且汪颖脾气也出来了。一个签证，将他们家里搞得一塌糊涂。他突然想到了和外国人打交道比较多的汤姆。他就到陕西南路、淮海中路口的公共传呼电话亭打电话给汤姆，希望一见。于是，汤姆和吴国斌还有他的老婆汪颖就在淮海电影院对面的“春江”点心店见面了，因为此地离汪颖家和汤姆工作的地方都不远。三人边吃馄饨边聊。吴国斌没有提自己签证的事，只是问：“我们公司要和一个中国公司谈生意，但是这个中国公司又想和美国公司谈生意，你和外国人混的时间长，你讲讲，对付美国人需要注意什么?”

汤姆也不知道吴国斌到底要问什么,只能笼统地回答说,“通常来讲,要看人起,有的人比较好讲话,有的人比较难讲话,但是有一点你要记牢,你是在中国,他是外国人。什么叫‘强龙不压地头蛇’? 你不能怕他,要有点自信心,你懂吗? 自信心是能够感染人的。你信心一足,人家就买账了,否则,人家为什么要买你账呢? 所以,你有时候要主动,不要被动。”

问过汤姆以后,吴国斌和汪颖两人又返回美国领事馆门口,到处打听,如果有了“214B”该怎么办? 一个不相识的人问:“那么,他有问你什么问题吗? 214B 只是统称,可能是你材料不齐,婚姻状态模糊,担保不够……多唻。你要么写信,很多人第一次签证没有签到,都是第二次才批准的。”吴国斌觉得有道理,回家就翻英文字典写了一封英文信,表示,第一,他在美国没有亲戚,没有移民的打算;第二,他已经结婚了,不可能老婆在中国,自己跑掉;第三,他是有奖学金的,不需要担保。信寄出去之后他就等回音,足足等了快二十天,终于,美领馆来信了,说:“你可以在本月某日早上十点来第二次面试。”

吴国斌这次没有叫汪颖一道来,怕万一签不到,汪颖会不开心。因为信是寄到合肥路吴国斌自己家的,所以汪颖也不知道。吴国斌这次打扮整齐了,头发也是刚刚在雁荡路上的“中原”理发店理过,他还穿上了西装。进了领事馆后来到签证处,刚来的时候心里还有点慌,忐忐忑忑,到了签证窗口反而镇静下来,汤姆不是说要自信和主动吗? 所以老远,至少还没走到签证窗台,他就问候签证官了。

“Good Morning。”他用带点沪语口音的英文问候签证官。

还是那个金黄头发的签证官,对吴国斌用中文问候:“您好,吴先生,很高兴再见到你。”

“你是去学什么专业呢?”签证官的国文发音实在比吴国斌的要标准。

“我去学工业设计,具体讲是产品设计。”

“为什么?”

“我觉得中国很多产品,东西是可以的,只是产品的设计和包装需要有很大的改进才会有竞争力。我了解中国市场和中国产品。”吴国斌背了一段编好的台词。

“哦”,签证官慢条斯理地说,“我注意到你现在在外企上班,我觉得这是个不错的工作。你可以在中国继续你的工作。”说完，就把吴国斌的护照等一堆申请材料往外一推，准备离开。

吴国斌这时不晓得怎么办了。他十分愤怒，这个是什么标准，根本就是欺负我嘛！我在外企上班就不能去留学了？这是什么逻辑?！于是，脱口而出：“你们美国有什么了不起的。我就是想去学点东西，否则请我去我也不去！”他急匆匆地说完，伸手就要去拿自己的护照和那一堆材料。

金黄头发的签证官忽然笑了：“好，我就让你去美国看看。我给你这次机会。”说完，翻开吴国斌的护照在上面盖了一个签证戳。然后，把护照递给吴国斌，“我就是德克萨斯人，欢迎你去德州，欢迎你到美国去。我们美国只欢迎最优秀的人才。”

吴国斌接过护照，高兴得连谢谢都没有讲，直接就冲出去了。他跑到门口，一边在张望，好像在找汪颖，想起汪颖没有来，于是大喊两声，“我签出来了，我签出来了！”

马上看热闹和等签证的人都围拢过来，七嘴八舌地问：“去啥地方?”

“啥学堂?”

“是女签证官还是男签证官签的?”

“你是去读啥啦？是读语言还是MBA?”

……

吴国斌已经没有心思回答他们的问题了。他一路小跑地向陕西南路汪颖家跑去。不一会就到家了，一看汪颖不在，知道她还在上班，于是又跑去电话间给汪颖打电话，开口就说：“出来了！出来了！拿到了！拿到了！”一开始，汪颖还有些莫名其妙，但是，马上明白过来，就冲着电话喊：“我去请假，马上回来，不要走开啊。”

汪颖一回到家，关上房门，一把将吴国斌拉上床。这是许多天来她第一次这么主动。吴国斌亲吻着汪颖的乳房，带着幸福的梦幻，享受着男欢女爱。汪颖喃喃地说，“我就知道我的选择不会错。你肯定是有出息的人。”吴国斌的自豪感也稀有地升腾了。“我以后要带你去美国，我们要在美国创出一片新天地。”

汪颖没有回答，只是不停地吻着吴国斌的身体，吴国斌觉得自己已经硬刚起来，他想进入汪颖，但是，刚刚碰触到汪颖的身体，自己先疲软下来。结婚以来他从来没有觉得自己这方面不行。这个或许是因为连着两天他没有好好休息,或许是他太兴奋,早上到现在,早中饭还没有入肚的关系,反正他觉得尴尬,汪颖嗔噢:“笨蛋!”两个人调整了情绪,吴国斌吻吮着汪颖身上最敏感的部位,终于,汪颖熬不住地扭动身躯,发出了令人陶醉的声音。

# 8

吴国斌给了公司两个礼拜的找人时间。他现在在规划着如何在美国顺利完成学业，接汪颖到美国，然后毕业找到理想的工作。吴国斌在收到大学的录取书后又收到了宾州李海大学的录取通知，因为那个学校没有给他足够的奖学金，他和汪颖商量后，只能放弃了。

很快，汤姆就知道吴国斌签证下来的事了。吴国斌觉得，汤姆给他的提示，对他最终拿到签证是有启示作用的，所以他告诉汤姆这个消息。汤姆提议，大家聚聚，算是朋友一场，为吴国斌送行。吴国斌同意，并且委托汤姆安排，于是汤姆就向贾敏炫耀自己朋友要出国了。贾敏是个爱交际的人，提议凑一桌先吃饭，然后打“大怪路子”①。这个“大怪路子”是其时沪上最流行的娱乐节目之一。小时候，这些人喜欢玩军棋，不是两个人对阵，而是四个人分成两个阵营对仗，另有一人做裁判。现在人长大了，下军棋有点小儿科了，“大怪路子”比较合胃口。

那天，他们先在上海宾馆对面的私家餐社里吃了一顿，主要是那里环境优雅，老板是贾敏认得的。中午吃好饭，就快下午两点钟左右了。他们到贾敏住的小区棋牌室，六个人：汤姆，吴国斌，贾敏和太太，另外是丁荣和胡懿愍夫妇。他们是吴国斌叫来的，“大怪路子”一定要六个人以上打，打起来才有意思。而且打这个牌，主要是讲究团队协作精神，要会互相掩护，互相帮忙，时常是要心领神会。六人分两队，吴国斌和丁荣和胡懿愍一队；汤姆和贾敏及贾敏太太朱茵一队。打牌的时候可以有分寸地互嘲，就是北京话“踩呼”一类的。一顿饭下来，大家都已经有点熟悉了。吴国斌一队已经连赢三手，从三一直打到六了，贾敏就跟汤姆开玩笑：“看来，要出去的人运道就是不错，下趟有机会要多帮兄弟们。你看看，你一路高

① 大怪路子：上海地区流行的扑克牌玩法。玩法通常六人为宜。

歌，打到六了。”

吴国斌道：“我们出去还不知道是红是黑，纯粹混腔司[①]”，他调头看着丁荣对贾敏说，“我朋友在上海，你们要多关照，有啥事帮帮忙。一对皮蛋(Q)。”吴国斌甩出两张牌。

贾敏：“一对烂污泥(2)”，出了牌后再接吴国斌的话，“没问题，兄弟一句话！”然后问对家：“大家要不，不要的话，我要跑路了。”

丁荣气势汹汹地刷出一副牌：“4个5，炸弹。”

汤姆一看：“炸弹炸一对小2？好，你轰大卵蛋，不让我出牌是吗？那么，我4只8。”

吴国斌这方没有人要得起这个牌。汤姆就问贾敏：“(你)还有几张牌，我放你先走！”

贾敏数了数：“还有六张。”

汤姆说：“那么我放单张试试看。”他出了一张红桃4。

吴国斌想阻止贾敏要牌，出了手里最大的6(王牌)。丁荣夫妇一看吴国斌出了王牌手上也没更大的牌了，就让它过了。贾敏说，“一个大鬼。”吴国斌一方就要不起了，贾敏就高兴唱起了儿时的顺口溜：“大头大头，下雨抱头，人家有伞，我有大头。”当然用的是苏北方言。于是，再叫道，“顺子。走特！”

汤姆称赞道：“兄弟走得快，现在轮到我出牌了！顺子你们要不要？不要我要了，大顺子。”

吴国斌说：“你手里牌不错呀。手气来哉。”

汤姆说：“我们刚让你们连赢三手，现在才有点好转，革命尚未成功，同志还须努力。”

丁荣问汤姆：“听蝈蝈讲，你是英文翻译，你什么时候出去？”

汤姆停住了手，说：“兄弟们，我现在正式宣布，我呢，不准备出国，但是，我马上要去南方了！”

吴国斌诧异道：“去南方？广州还是深圳？”

贾敏也好奇地问，“你去南方做啥？”

汤姆叹口气：“说谎不瞒同乡人，老实讲，我本来还没这个打算，但是

---

① 混腔司中的“腔司”实际是来自英语的 chance 一词，意思是机会。

我受刺激了。你们知道吗？我们家里5口人，住房面积只有15平方米，现在人都大了，怎么住法？一直申请，我妈单位总算分了一套二手房，两房一厅，虽然解决不了大问题，总比没有要好吧？没想到，我妈不是前一阵身体不好嘛，去领房产证时晚了几天，好咪，出大事体了！你们知道发生什么了？单位没有了！整个单位的土地全部卖给台湾人了！你讲戳刻伐?！通知也不通知一声。再去找人问，问书记，书记说，现在单位都没了，她也不知道到什么地方找人说理。到纺织局，连纺织局也解散了，完全一笔糊涂账。我听说，像我妈类似遭遇的人不是一个两个。被单位解散的人，现在每个月二十一日聚集在中山公园门口重温往昔美好时光，这个叫啥？这个就叫苦中作乐。现在，我又看到吴兄要走了，好了，我又受一次刺激。所以，我打听了，干脆去深圳闯闯看。这样，四个人住，总比5个人住亭子间要好吧?！”

吴国斌问汤姆：“你家里住在什么地方？”

汤姆说：“老西门。”

贾敏说：“这个就叫做‘眼睛一眨，老母鸡变鸭’。”

他太太朱茵纠正道：“这叫‘巧取豪夺’好伐！”

于是，吴国斌和大家又唏嘘一番，对汤姆说：“你一走，此地就没劲了。”又对贾敏说：“阿敏，那你们要想打‘大怪路子’就缺人了。我这位朋友，”他指指丁荣，“平常也是忙得要死，所以，要记住我们今天的聚会，真的不容易。”

丁荣感叹：“世事多变，珍惜当下。”

汤姆说：“丁兄讲得对，非常对。”他突然想起了什么似的，对吴国斌道，“对了，你记得吗，上次那个王小姐，王晓萍，现在放出来了，听说不改初衷，一定要和外国人混。现在和一个美国黑人搞到一道去了，吃得消她吗?！”

吴国斌：“就是不知道有关部门为什么没有对策，这样下去怎么行啊?！”

贾敏说：“见怪不怪，搞开放，门开了，人家想做啥就做啥。”然后对汤姆说，“你什么时候走，我再请你，祝你发财。”

汪颖这几天有点小脾气，不知是例假的原因还是马上要和丈夫分别的恐慌，反正情绪有些问题。不过，她还是事无巨细地安排好了吴国斌出国的行李。小到盐罐，大到锅碗全部准备了，两个行李箱塞得满满的。她一边装箱一边“哇啦哇啦”差使父母找秤来称分量。汪青山还是有本事，不晓得从什么地方找到了一杆秤。汪颖一看，“这个秤怎么称法，这个不是用来称菜的嘛。”想想也不可能有其他更好的办法，“好，算算算，拿来试试看。”于是，东西拿出来，一件一件过秤，实实足足五十斤一只箱子。汪颖告诉吴国斌，箱子装好了，吴国斌就觉得汪颖真行，动作绝对快。他拎了拎两只箱子，嘴里嘟哝：“蛮重的嘛！装了什么东西啊？”于是，吴国斌放平了行李箱，打开审视起来：“哎，这个炒菜锅，我就不带了，饭锅可以，盐也不带，美国不可能没盐的。又不是去逃荒。西装我带一套够了，太重了。菜刀可以，筷子，汤匙各一。字典呢？字典要带一本，否则不方便。”啰啰嗦嗦地磨蹭了很久，终于搞定了。随后，汪颖又陪吴国斌去淮海路药房去买常用药，吴国斌觉得没必要，但是也不反对。箱子两只，随手行李一件，背包一件，符合航空公司要求了。汪颖嘱咐吴国斌，“钱要园好了。到时候一定不要脱鞋子。汪颖指的是吴国斌随身所带的一千美元，因为当时出国人员只可以从中国银行换取三十美元的额度。幸亏吴国斌的工作给了他赚外币的机会，陆陆续续攒下一千来块美元。吴国斌实际不用汪颖嘱咐，早就将美元藏在鞋子里了。他担心海关知道会没收，那出去后就没有生路了。可能是当时国家外汇紧缺，否则不会有这样的限制的。这总比再早些时，出国每人只能换十五美金的时候要好。

去虹桥机场送行时，吴汪两家人和一些朋友都去了，汤姆也去了。十几个人包了面包车。大概因为隔夜吴国斌和汪颖有过亲密的时光，吴国斌在车上有点瞌睡。但是，一下车就马上进入状态了。大家将其送到入口处便不可以再像从前一样送到登机口了：规定改了。吴国斌一手搂着汪颖，一边和每个人道别，互告珍重。这时，汤姆惊奇地发现王晓萍和五六个看似她闺蜜模样人也出现在入口处。王晓萍也看到汤姆了，她也有点惊奇，两个人都奇怪：你怎么在此地？汤姆倒是主动，“王小姐，你好！你也来送人？”

王晓萍道：“我去美国。”

汤姆一边诧异，一边指着吴国斌对王晓萍：“他也去美国。”

吴国斌扭头对王晓萍点头:“我们认得的,上次派对上碰到过的。”

王晓萍也点了头,搜索了一下脑子:“哦,对,碰到过的。你去哪里?”

吴国斌回答,“我去读研究生,到休斯顿。”

王晓萍哦了一声,回应道:“我是移民。”

王晓萍的同伴开始提醒王晓萍:“快点把护照拿出来,还有机票,要查行李的。”

王晓萍连忙开始翻包,找出证件和机票。这边吴国斌一边吻着汪颖的头发,一边告别她的父母:“爸爸妈妈再会了。平常当心,保重身体。我要进去了。”于是,弯腰提起一只行李箱,又用小行李车拖着另一个行李箱和随身那个小箱子进入了安检口。

挥手告别了吴国斌,汪颖和父母决定打出租车回去,邀请吴国斌家人一起,但是吴国斌父亲坚持要坐机场巴士回家。汤姆跟着吴国斌一家走,吴秀华就成了唯一能够搭讪的对象了。汤姆对吴秀华说:“你好,你是国斌的妹妹?”

吴秀华端详了汤姆一眼:“是啊,我就是。你是汤姆,是吗? 我哥经常提起你。”

汤姆看了一眼长相还周正的吴秀华,说:“是啊,我是汤姆,我和你哥是好朋友哦。我们在同一地方上班。”

吴秀华响应道:“是的,我听他讲过的。你是大翻译。不过,他说你打算去深圳?”这个时候,他们一伙人已经到了汽车站等汽车。汤姆回答吴秀华的问题:“是啊,年纪轻轻的,出去混混看。否则,没有啥意思。哎,你在哪里上班呢?”

吴秀华有点自愧地小声道:“我是大学差五分没考上。现在在第二百货公司上班,营业员,八小时站柜台。不像你们,都蛮有出息的。”

汤姆安慰她:“不能这么说。总归比去插队落户好。”

吴秀华摇摇头:“柜台乌龟①没有前途的。还是你有想法,说不定哪天,我也辞职到南方去。”

汤姆立即邀请说:“那么一言为定。你要去就去找我。要不,我们一

---

① 此是暗喻营业员站在柜台后不能离开的意思。

道去？”

吴秀华犹豫地回答：“（我）今晚同爸爸妈妈商量商量。”

汤姆建议说：“那么，你留只电话给我。”汤姆从口袋里拿出纸笔开始写下吴秀华的联系方法，又将自己的联系电话等写下给了吴秀华。那个时代有一个特点，顺口溜是：“小学生一支笔，中学生两支笔，大学生三支笔。”男人穿的上衣前胸口袋里插一支笔，被人认为是表示本人有文化的意思。这个习俗当时还在它最后的存活期，汤姆作为翻译就更加有随身带纸笔的习惯了。

吴国斌办理好登机手续后，就来到登机口，他吁了一口气，心里想：总算一切都完成了。他想休息一下，昨夜几乎一夜没有睡，现在睡意上头了。但是，他又不能睡，他想上了飞机可以笃笃定定地好好睡一觉。这时，王晓萍办好手续也到登机口了。两人看见对方，互相又一愣：奇怪，难道你跟着我了？

王晓萍于是就问：“你怎么也等这一班飞机啦？”

吴国斌坐直了一下身体，答道：“是，我要先到洛杉矶，然后转机去休斯顿。你呢？你的终点是什么地方？”

王晓萍道：“我终点就是洛杉矶。”

吴国斌说：“眼巧巧碰眼巧巧[①]，我们还是同路人。”

虽然两个人不熟，毕竟见过面，现在都要去一个完全陌生的国度，同乡之情将他们的关系拉近了。于是，王晓萍就在吴国斌旁边的座位坐下。那时，没有手机和随身听之类的电子宝贝，除了聊天也实在无事可做。于是，王晓萍就详细打听了吴国斌就读的学校和专业，当听说吴国斌还有奖学金拿，不禁心生羡慕地说：“看来还是读书好啊。”

吴国斌趁机就问：“我听说你也是学生，怎么变成移民了？”

王晓萍淡淡地回道：“我不是读书的料。虽然考上大学，但是学的是中文，如果不嫁出去，恐怕一辈子也出不去。”

吴国斌就追问：“那你先生是做什么的？”

王晓萍好像不愿提及似的：“其实我真的搞不清爽他到底做什么的，

---

① 眼巧巧碰眼巧巧：十分碰巧。

只知道他是帮人家飞机厂做事的。具体啥工作，不懂。”

“那么，他住洛杉矶？”吴国斌又问。

“不是，他住在长滩。”

“长滩？没听说过。”吴国斌显然对美国也是不甚了了。

“英文是 Long Beach。”王晓萍提示吴国斌。

“哦，我不熟悉。你到洛杉矶后他会来接你吗？”

“他讲会的。我已经把航班和飞机到达的时间都告诉他了。”王晓萍的回答显然带着不十分的确定。

两个一直聊到开始检票，进了机舱，吴国斌找到自己的座位，并把随身行李放到头顶的行李舱内。他看到王晓萍也在吃力地举起一个行李要将它放入行李舱内，于是，过去帮了一把。然后坐下了。噫，又是“眼巧巧碰眼巧巧”，王晓萍就坐在吴国斌前一排的中间位子。于是，他对王晓萍说：“你看巧吗？你就坐在我前头。”坐在走道座位的是一位美国老太，听不懂他们在讲什么，以为是夫妻被安排在不同位子上，就好心地要和吴国斌换位子，吴国斌说，“没关系”。那个美国老太坚持道：“No, you have to sit beside her to take care of her.（你得坐在她旁边照顾她！）”就这样简单霸道。吴国斌连忙向老太解释“We are friends”，意思是：我和王晓萍只是朋友关系。老太误以为吴国斌是指她，就回答：“Yes, we are friends. But you have to sit by your wife.”（意思是，是的，我们是朋友，但是，你得和你太太坐在一起。）吴国斌此时的英文水平是听得懂，但是说不出，被老太这样一抢白，只好换了座位。

等一切就绪，飞机要起飞了，吴国斌倒不知道和王晓萍聊什么好了。他闭上眼睛，困得实在不行了。

# 9

十年之后。

吴国斌从窗口望出去，一眼看到熟悉的景致。相比十年前更加漂亮的雁荡路街景让他心里悟窦[①]。现在这套公寓房子是属于他自己的了，而不是像十年前是属于别人的。吴国斌老东家的家人因飞机失事丧身，无心中国业务，决定撤出中国返回马来西亚。吴国斌听到消息就去联系，公司老板知道吴国斌是以前的员工，现在发迹了，老东家倒也落得做个人情。公寓出价比市价高，吴国斌想如果能拿下来也可能是个吉利的事情。就提出，价钱可以接受，但要包括所有家具，省得他花时间和钱去布置。老东家答应了，所以，过户顺利。今天终于拿到钥匙，房子姓吴了。不过，高兴归高兴，经过这么多年的磨练，现在的吴国斌比以前老成了许多。他没有过于兴奋，但是他想和卿卿分享这个好消息。他拿起电话："哎，是我。房子搞定了。晚上想请你出来聚聚，庆祝庆祝。"

电话里的女声，一听就晓得是卿卿："蛮快的嘛！恭喜你。真的老好的！好的呀，你讲去啥地方吃？"

"要么，请你吃日本餐?"吴国斌提议。

"日本餐就算了。你要吃日本餐，下次有机会我做给你吃。今天我倒有点想吃宁波菜。"卿卿的姆妈是宁波人，所以，她对甬菜有点偏好。

吴国斌马上同意："你一句话。你想吃宁波菜，我们就去西藏路上的浙江饭店好了。大汤咸菜黄鱼，再弄只冰糖甲鱼、清蒸鳗鲞，还有炝蟹、面拖黄鱼，啊吆，馋吐水要出来哉。"

对面是静默，但是可以感受到她在吃吃笑。然后，声音有点带娇："随你便，如果你叫这种菜，那么最好烫点黄酒。不好吃醉哦。我背不动

① 悟窦：心里暗暗高兴，感到舒畅满足。

你的。”

“好，讲好了，我来接你。到啥地方啊？”吴国斌问。

“到思南路，我们学校好了。哦，顺便告诉你，你有喜事，我也有喜事一桩。你知道吗，我的房东全家移民美国，房子卖给我了。你买雁荡，我买思南，是不是双喜临门啊？！”

吴国斌心里真的一阵激动，那么好的花园洋房，真刻意找也不一定能找到，这是可遇不可求之事。“真的，老赞的，就讲定了。”

吴国斌放下电话给自己沏了一杯茶，又回到办公桌前，他又打电话给汤姆：“喂，汤姆，房子我搞定了。谢谢你帮忙哦。什么时候回上海？我请你一家过来玩。”

电话里，汤姆客气地回答：“阿哥，都是自家人，你客气做啥。忘记和你说了，你外甥今年开始读小学了。还有，我也想到上海设立一个办事处，今后年纪大了，两边走走，你那里有啥机会，帮我留心。”

吴国斌说：“今天好消息蛮多的，你儿子聪明，一点都没问题。”

汤姆说：“你有空最好到我此地来看看。这个地方发展快得没法形容，就像火车一样一直向前冲，尤其是东莞。我看今后全世界的电子产品肯定都在东莞生产。哦，对了，你的老同学，大头丁，丁荣，我上次去东莞时碰到他的。你晓得现在他多少结棍？他在东莞造了一幢四星级酒店哎。”

吴国斌有点吃惊，“真啊？”

“阿哥，我和你说。我听大头丁讲的，1996 年的时候，东莞只有 16 家星级宾馆，现在好几十家了。像三正集团、富盈集团和宏远集团等本地财团都有酒店在此。我刚来的时候只有太子酒店和金凯悦酒店，十几年变化太大了。丁荣的大都酒店蛮灵的。”

吴国斌说：“等我此地搞定之后，有空去你那儿看看。”

汤姆回答：“阿哥，这个事情宜早不宜迟。”

吴国斌挂上电话，呷了一口茶，身子往后一靠，眼睛一合，身体一放松，似乎进入了冥想一般……

# 10

等吴国斌醒来的时候，他看到王晓萍在看电视，就是那种装在飞机靠背椅上的小屏幕有线电视。吴国斌不知道自己睡了多久，反正感觉有点肚子饿。于是起来去问服务员要了一杯橘子水。他对王晓萍说，“对不起，刚刚实在太困了，顶不住了。”

王晓萍看到吴国斌在讲话，就把耳机摘下，“你说啥？”

“对不起，我刚刚睡着了。”吴国斌重复了一遍。

“你太辛苦了。”王晓萍理解地一语双关。

沉默了一会儿，吴国斌就问，“怎么没看到你爸爸妈妈来送你呢？”

王晓萍有点气恼：“他们觉着我给他们丢脸了。”

吴国斌没有再问，心里想，人家家里有人出国都觉着光彩，怎么她父母会觉着丢脸呢？

吴国斌也找出耳机，开始看电视。一直到了早餐时间，飞机舱内的灯亮起了，窗户的遮阳（光）板也打开了，两人才又重新聊起来。王晓萍问，“你去学什么工业设计，要几年啊？”

吴国斌说：“可能两三年吧，反正捞个硕士学位就可以了，我没打算读博士。时间太久，反正我不去教书。”

王晓萍问：“那你太太怎么办呢？”

吴国斌说：“她也在办出国，可能读护理专业。”

王晓萍羡慕地说，“蛮好。”然后，默默地叹口气，“比我好。”

吴国斌问，“为啥？你不是挺好吗？去了就拿绿卡，马上可以找工作。比我们容易。我们绿卡不知道什么时候拿得到呢。”

王晓萍回道：“读书出来工作好找，他们讲，没有学位找到的都是垃圾工作。”

“那你找机会也可以去弄个学位。”吴国斌建议。

“我英文差，而且，我先生什么情况我真搞不大清爽。”王晓萍似乎带了点后悔的语气。

吃过早饭，开始发入境卡，吴国斌瞄到王晓萍填写的年龄比自己小四岁，心里想，难道她大学的学位也没拿就出来了？心里想，不敢问。

王晓萍可能感觉到吴国斌偷瞄，说，“你要不留个地址，万一有啥事可以联系。讲起来，我是移民，实际我在美国一个亲眷朋友也没有。”

吴国斌就留了自己系里的通信地址，也问王晓萍要了她的联系地址。“我姓吴，叫吴国斌。”吴国斌自我介绍。

王晓萍：“我叫王晓萍。你有空来信。以后，我安顿好了，有空可以过来玩。”

“哦，好的。”吴国斌答应。

飞机落地后，要先拿行李，然后出关。吴国斌虽然是转机，但是那个时候规定国际航班的行李也要先检查，然后才能装到国内航班上去，这和后来直接转运是不一样的。这样两个人在行李传送带旁等行李，王晓萍的行李早出来。拿到行李后，她和吴国斌打了招呼先去排队出关了。吴国斌的两件大行李等很久后才送出来，吴国斌赶紧拿上行李出关。海关的官员倒蛮客气，问他，“你到哪里去？”

“我是来读书的。”吴国斌笃悠悠地回答。

“读什么？”

“工业设计，硕士。”吴国斌回答，没有一点紧张的样子。

海关人员拿起他的护照与其本人对照了一下，盖了通关戳，“Welcome to the States！(欢迎来美国)”让他过了。吴国斌心里想，比我想象的要容易多了。

但是，接下来的事情就比吴国斌想象的要差。因为从国际航站到国内航站有一段路要走，洛杉矶机场是全世界最大的机场之一，这一段路空手走走没什么，但是，拎了三件行李加一个背包就不容易了。我们都需要知道，那个时候的行李箱是没有轮子的，不像现在的行李箱包装有万向轮。吴国斌窘于花钱用机场行李车(这和中国免费使用机场的行李车不同，完全商业化了)，自己“哼茨哼茨”将行李挪到托运中转点时，已经汗流浃背了。当一切手续办完，吴国斌就需要重过安检门才能进入候机室。他将自己带的提携式行李车和行李分开放在传送带上，准备过安检门，一个很有分量的黑人女安检员叫住他，要求查看护照和机票。吴国斌将票证递给这个黑女人，安检员核对信息后还给吴国斌，并且示意他可以进去了。吴国斌就准备提取行李，但是他发现那部在上海买的行李车不见了。他用结巴的英文问坐在传送带旁的另一个黑人安检员，那个安检员回答，“我怎么知道呢?”吴国斌有点着急，因为没有行李车，下飞机后需要费更大的力气搬行李！他左找右找就是找不到，他想，肯定被人顺手牵羊了。此时此刻，除了自认触霉头[①]，还能有啥好办法呢?

吴国斌费了很大的力气慢慢地终于将行李挪到了托运处。办完手续，他拎着随身行李箱和背包，往登机口走去，或许是刚才出汗和紧张的关系，他感到口渴。望见前面有卖饮料和点心的服务站，就好像当初曹操的士兵看见杨梅一样激动。他就想买一杯热水解渴，抬眼一看价目表，没有热水这一项，只好硬着头皮问：“热水，热开水，多少钱一杯?”

胖大个服务员告诉他，“一个刀了(dollar——美元的谐音)。”

吴国斌对照了价目表，一杯热茶是一个刀了，一杯热水也是一个刀了？就问服务员，人家不耐烦了，“告诉你，热水不要你钱，但是杯子就是一个刀了。”

哦，是这样子啊。嘴巴实在干渴！吴国斌就狠心买了一杯热茶，否则他觉得不划算。一小纸杯茶花了他来美后的第一块美金，心里有点不舍，但是热茶一入口，人马上精神百倍了。等他从休斯顿机场拿到行李后，吴国斌又开始蒙了：哪儿能坐上灰狗车呢？他问了一圈陌生人，被告知得先坐机场班车才能到达灰狗车站，但是班车要等。没有办法只能等。班车费不贵，也是一块 dollar，或许是机场知道这里的捷运系统缺失，算是一种便民的机场附加服务。如果打的那就贵了。问题是班车到不了灰狗车站，只在灰狗车站附近停站。他到了市里还要拖行李或是打车才能到灰狗车站。为了省钱，他只好走两步歇一步，脑子里就跳出“洋插队”三个字，三个箱子，他用交叉运输法将它们轮流往前挪移。正在无奈之时，一辆皮卡车(pick-up)在他面前嘎一声停下来，上面一个看上去粗犷型的男人问：“哪里去?”他赶紧用蹩脚的英文回答：“去灰狗车站。”

那个头戴毡帽、脚踏短筒皮靴、身着绒布衬衣、下穿牛仔裤的男子跳

---

① 触霉头：倒霉。

下车，走到吴国斌面前，向他邀请，“我送你过去。”

出门碰到好心人。没有五分钟，他们就到灰狗车站了。那个男子帮吴国斌卸下行李，打了声招呼，走了。吴国斌心里充满了感谢，但是因为语言的关系，他连对方的姓名都没有问。多少年后，他都感到当时应该问问那个戴着牛仔毡帽、穿着牛仔裤、系着宽宽铜头皮带人的名字。

吴国斌根据系里提供的信息，买了到学校所在地的车票。一切安排好之后，他心里轻松起来，就开始打量周遭。他看到顾客们来来往往，车站里似乎蛮闹热的。吴国斌听到喇叭里播送着快节奏的音乐，实际这音乐一直有的，只是他刚才紧张，没有注意到罢了。候车时间挺长，吴国斌只好等。现在他注意到一个玻璃小房子一样的装置便仔细审视起来，上面的外文写的是“玩具购买机”，这个怪物不但发出音乐声，还会自动演示三爪抓玩具的把戏，就是演示如何玩这个游戏，它是不会真抓到玩具的，只是吸引客户的招数罢了。吴国斌正在琢磨如何去玩这个玩具，一个黑男孩走到机器面前，他往机器投币口投入了两枚二十五美分的硬币，机器就换了乐曲，曲调示意客户赶紧开始操作那个钢爪。黑男孩第一次操作失败了，他又投了两枚硬币，试了几次，终于抓住了一个玩具小熊，他将它移到出口处，握操作杆的手一松，钢爪也松了，那个玩具掉入取货口，黑小孩伸手取出那只小熊，高兴地走了。原来是这么个玩法啊。这个设计倒是蛮有意思，是赚钱的营生啊。这可能是吴国斌到美国后上的产品设计的第一课。反正坐着没事，他就开始算计这个游戏机一年可以给商家带来的盈利。

吴国斌注意到，这个车站里黑人居多，十人里似乎只有两个人是白人。他心里就开始想，美国是黑人多还是白人多啊？机场里好像白人多一点，马路上和车站里看到黑人多一点。坐在那里胡思乱想，到了上车的时间了。吴国斌是第一次坐这样的长途客车，车子很结实，发动机发出强有力的声响，表示它可以去任何地方。车厢里的空调开得很足，每隔一段距离，座位上还高悬有电视机。吴国斌找了个靠窗的座位坐下，座椅是绒布套的让人有舒适感，就是空气里微微有些令人讨厌的烟味。上车之后，吴国斌怀着好奇心和新鲜感，饶有兴致地观看沿途风景，他看到一些老旧的房子和街道，心里想，怎么一点不像电视、电影里拍出来的呢？出了休斯顿市区，沿路更多的是空旷的土地和树林。笔直且平坦的道路让吴国斌觉得坐车也不是那么累人。突然，天变得很黑，如同夜晚一般，然后电闪雷鸣，开始下大雨。这个变化来得那么快，吴国斌觉得离自然太近也有点可怖。雨点之大、之密是吴国斌从未有过的体验，车窗的玻璃被雨点噼噼啪啪地打着，根本看不清车外的景物，还有恐怕玻璃被打破的担忧。吴国斌很佩服那个司机，这么大的雨，车还能开这么快，能人啊！不过，过了十几分钟，不知是汽车驶出了雷雨区还是雨本身就停了，吴国斌就又看到窗外的景色了。车程不远，一个多钟点后，吴国斌就到达了目的地。当地的灰狗车站离吴国斌的学校还是有段距离，这个距离带着大件行李是不可能走的，怎么办呢？吴国斌想：不是有一封中国同学会的信吗？他赶紧找出信来，看到上面有三个联系电话，打给谁呢？对了，先打学生会主席！张小兵，好，他来到公用电话机前，摸出预先准备好的一枚两角五分的硬币，投到电话机里，电话里开始传来嗡嗡声，吴国斌拨了号码，等着有人接电话，这是他此时的期盼。运气不错，有人接听，不过，接电话的人口气有点急促。

“Hello，hello……”

吴国斌想，不是中国人吗？怎么一开牙就是 hello 呢？

没有办法，只好问：“你讲中文吗？”

对方一听是中国人，就改了语言：“我讲中文，你是哪里？”

吴国斌心里一阵高兴，太好了：“喂，我是新来的学生，我叫吴国斌。我找张小兵，就是你们写给我信上的学生会主席。”

对方说：“哦，你找小兵啊。他现在不在，你有什么事？”

吴国斌一听张小兵不在，不免有点失望地说：“我是新来的学生，想请他找人接我一下。”

对方问：“你是新来的？你现在在哪里？”

吴国斌立即道：“我现在在灰狗车站，我在灰狗长途汽车站，可不可以来接我一下。我带着行李，不方便走。”

对方就问：“一个人？两个人？在哪个灰狗车站？在休斯顿还是学校附近的那个？”

吴国斌说：“我一个人，三件行李，我在学校附近的灰狗车站。”

对方说：“那你在那儿等着。我看看，马上过来接你。别乱走啊。”

吴国斌高兴地说：“谢谢，我等你。”

大约过了二十多分钟，一个身材颀长的学生模样的人走进灰狗车站，他的眼睛像扫描机一样的扫寻室内的目标，吴国斌看见有中国人进来，猜想就是刚刚通电话的人。马上站起来自我介绍："我是吴国斌，新来的留学生。"

"哦，你就是刚刚打电话那位同学？"

"是，是。"吴国斌赶紧伸出手去："我就是吴国斌。"那人和吴国斌握了握手说："我叫古西安。"

吴国斌："你好，你好。感谢这么快就过来。"

古西安答："没什么，都是中国人。"

俩人将吴国斌的行李装上车，古西安就让吴国斌坐在了副驾驶位子上，并问道："你是中国哪个省市来的？"

吴国斌答道："上海，上海。"

"你是上海人？"

"是。上海出生并长大。"

"你过来学什么？怎么找到这个学校的呀。"

"我是学工业设计的，来这里攻产品设计研究生学位。我到这个学校是因为学校给我奖学金。否则我怎么可能签得出？"吴国斌指签证。

"哦，有奖学金就容易多了。"古西安接着问，"送你去哪里？有住址吗？"

吴国斌倒被问住了。"我也不知道，要不先到国际学生办公室？"吴国斌完全不知道应该先去哪里。

古西安诧异道："你没安排住处啊？国际学生办也不会收你的呀。"古西安想了一想，说："要不，先上我们住的地方，我们是租的房子，张小兵，我和另一个，陈波，两个房间四个人，他们两个一间，我一个人住，如果你来，就我们俩住一间，所有费用四个人平摊，你愿意吗？"

吴国斌惊喜地说："那太好了。非常感谢，非常愿意。"

古西安说："但是我那儿没有床垫了，要去买个床垫。"

吴国斌连忙说："没关系，先打地铺解决一下。"

不一会，他们来到了古西安的宿舍，实际这是栋民居房，房子陈旧，可能是 1950 年代的建筑，两房一卫半，加个客厅和厨房。古西安问："还没吃饭吧，要不下点面条？"

吴国斌感谢地说，“好，好。”不一会儿工夫，番茄鸡蛋面就煮好了，俩人一起吃起来，吴国斌问，“你叫顾西安对吧？”

古西安说：“是古，古代的古，不是顾。”

吴国斌哦道：“这个姓倒不多见。那你为什么叫西安呢？会搞混的。”

古西安说：“是有这个问题，很多人问我。因为我妈到西安当天生的我，所以。我爸就给我起了这个名字。”

古西安的爷爷原来是杨虎城手下的一个连长。杨虎城被蒋介石抓起来后，部队就被解散或者收编了。古西安的爷爷战死在沙场，他的父亲那时还小，就加入了八路军。解放后，一直在西北工作。后来因为工作需要从陕西周至调入西安市里工作，进入西安的第一天就是古西安母亲的产期，所以老古给儿子取了个“西安”的名字。

吴国斌说，“西安好，古都啊。我去过，大雁塔，碑林，兴庆宫，还有华清池。我还爬过华山。你去过华山吗？”他问古西安。

古西安遗憾地说：“你别说，我在西安那么多年，还真没去过华山。”

吴国斌说：“你这叫作‘兔子不吃窝边草’。我是出差时候去的，生怕以后没机会。不过，凌晨在华山北峰看星月确实有一种特别的感受，好像自己离天很近。立时就会相信道家那些仙人得道的传说。”

古西安说：“那我下次回国有机会去一次。”

吴国斌连说：“一定要去，一定要去。”又加了句：“如果有机会，我陪你去！”

古西安嘿嘿，“好好。”

吴国斌又打听张小兵：“我们学生会主席是学什么的？”

古西安介绍道：“我是学农业的，来学农林经济，是公派学生，J－1[①]。小兵是学畜牧专业的，原先从三军大毕业，也是J－1公派生。陈波是学工商管理的，自费生，你也是自费的吧？”

吴国斌点头：“是，是，我是F－1签证。”

古西安说：“那好，二对二，两个公派生，两个自费生。哈哈，这下有意思。”

---

① 美国签证种类，J1是公派交换生的签证，夫妻任何一方来，就是我们说的陪读，为F2签证。F1是自费的留学生签证，自费生有陪读的夫(妻)，其签证为F2。

吴国斌回说,“平衡美。”

吴国斌又急着想了解学校,他问古西安:“我们学校有什么特别的地方吗?”

古西安回答:“你指什么?我也搞不清这个学校有什么特别的地方。好像橄榄球队不错。”

吴国斌摇摇头:“那个,我可能看不懂。”

古西安说,“实际橄榄球比赛乍一看是拼力量,实际是拼战术和团队协作精神。打橄榄球一定会培养你的战术和战略意识,团结合作和不认输、勇于拼搏的精神。我看了几次还挺喜欢。但是,我不认为这个运动适合中国人。太多受伤的了。”

吴国斌说:“还是足球有意思。”

古西安回答:“不同类型的运动。我也喜欢看足球。来美国,球赛有你看的。分季节有不同的赛事。秋冬看美式橄榄球,春夏看篮球,各种比赛太多了。美国小孩从小至少会参加一项体育活动,所以,他们的体魄一般比我们的健硕,这是我们应该学习的地方。”

吴国斌和古西安刚吃完饭,张小兵和陈波就回来了,相互又自我介绍一番。张小兵说:“要不,也不用去买床垫了。如果你喜欢睡硬板床,干脆去买一块木板,买几块大砖,往木板下一垫,上面铺一层,就可以用了,经济实惠。”

吴国斌高兴地说:“感谢主席的指点。真是好主意。睡硬木床没有关系的,我喜欢。”

第一天,吴国斌在兴奋与期待中度过。第二天他去了国际学生办公室把入学手续办理好,又去系里拿了免学费的单子,拿到收费办公室又把学费减免手续办了。完了之后去见了导师,领了钱,再去学校的书店买了相关课本和文具。他自己没有做饭的米面,汪颖当时叫自己带的压缩饼干现在派上用场了。虽然吴国斌的住处离校区有点路程,他还是精神抖擞地步行回去。回到住地已经下午两点多了,吃完压缩饼干,喝了点水,就算完成中午饭了。接下来就是规划制定课程表,完了之后,想想无事可干,就把换洗的衣服用手洗了。肥皂也是从中国带来的。实在想不起什么事就准备打瞌睡。可是,闭上眼却是睡不着。于是干脆给郭俊和方宇各写了封短信,告诉他们自己到了美国,留了电话和通信地址以便联系。

这个时候，吴国斌还是舍不得用美金打长途电话的。刚刚写完这两封信，陈波先回来了，于是两个自费生聊上了。陈波是广东人，家里境况不错，兄弟姊妹五个，他是老二，有个姐，家里希望他将来能够帮家族企业打开美国市场。聊了一半，张小兵和古西安回来了。四人约好了去购物，把下周的菜全部买好，这样可以节省时间。

买好菜之后，吴国斌第一次可以用自己带来的饭锅烧饭煮菜了，心里感觉到了一份高兴。晚饭后，他就在房间里给汪颖写信，虽然是周五晚上，宿舍里的其他人还是去图书馆了。吴国斌是刚来，就趁此空闲写信要汪颖快点想办法出来陪读。吴国斌写道：我们宿舍的人都很好，我还是蛮幸运的。我没有想到美国的食物价格真的很便宜，牛奶只有八角八一桶（加仑[①]），鸡蛋只有五角五一打（12 只），鸡腿包括大腿只有三角五一磅，当然都是美金哦。室友古西安讲这是因为美元值钱，美元值钱是因为美国人的手臂粗，航空母舰结棍。吴国斌告诉汪颖自己已经拿到奖学金，生活无忧，现在最大的心愿就是你要早点过来。最后还没有忘记浪漫一下，写了吻你之类的肉麻话。

汪颖头子活络得令人吃惊。接到吴国斌信之后，她就开始联系学校和工作，不晓得她从什么地方弄到的信息。她居然被休斯顿的一所护士学校录取，同时学校提供她一份半职的护士工作。连吴国斌宿舍里的同学也啧啧称奇，说是开了眼界。按汪颖自己的解释是因为她有护校的毕业证书，加上她的运气，事情就水到渠成。汪颖说，运气来了推也推不掉。吴国斌本来考虑要搬出去住，现在好了，变成要买部汽车去休斯顿陪汪颖读护校了。吴国斌在车市蹲守了不短的时间，总算淘到一部便宜的旧车。吴国斌花了很短的时间学会了开车，在他第一个学期结束时，汪颖就到了休斯顿。吴国斌开车到机场接她，然后直接送她去了护校的宿舍，汪颖也就没有体验过吴国斌刚到美国时的困窘。

汪颖宿舍的房间在校舍的二楼，下面管理人员帮她办好手续后，汪颖就有了房卡。这是一栋陈旧的建筑，但是钢筋水泥结构和刷新的外墙让其显得很结实，楼里面很干净，还弥漫着一种芳香。上二楼有电梯和楼梯

---

① 一加仑等于 3.785 升。

两个选择。他们拖着行李乘电梯上去，出了电梯口，可以看到两只硕大的自动售货机，一只卖点心，一只卖各式冷饮。吴国斌掏出两只角子买了瓶水。两人进了房间，看到室内无人，就迫不及待地又搂又抱起来。汪颖推开吴国斌，“你别急！”汪颖打开箱子，拿出床单，铺好后，转身开始脱吴国斌的外罩。吴国斌顺从地让衣服滑落到地上，并将汪颖按倒在床上，手忙脚乱，亲吻着，互摸着，最后两个人都变得一丝不挂了。因为很久没有亲热，吴国斌下体变得巨大，当他插入汪颖身体的时刻，汪颖感到了满足。这种满足感通过她的肢体和呼吸表现出来，通过她的声线划出的音符在空气里荡漾。两个人在床上缠绵了个把小时，感到饥渴，于是吴国斌提议出去吃点东西。汪颖说等等，她打开两只大的行李箱，里面除了衣服和日常用品，还装了很多她喜欢吃的零食：什么小核桃、松子、香榧子、椰子糖、大白兔奶糖、城隍庙五香豆、香草橄榄、盐津枣、话梅等等，似乎她想要把上海食品公司所有零食搬过来一般。汪颖拿出在邵万生[①]买的苔条饼干，扯脱外包的玻璃纸与吴国斌分享。吴国斌好久没有吃到故乡的食品了，现在老婆千里迢迢带来，还亲手喂给他吃，心里感觉比苔条饼干的味道还要赞。

年轻人的生活总会有浪漫的点缀。汪颖来美之后的第一个礼拜，吴国斌就带她去海边钓螃蟹玩。他们根据朋友的指点，买了竹篓和最便宜的鸡肉。吴国斌将鸡腿放在门外的盒子里，德州阳光充裕，第二天鸡肉就有点臭味。他和汪颖开车到了海边，看到也有钓蟹的人，就地跟人学。吴国斌把鸡肉放到竹篓子里之后就离开了。他们去市里转悠了不少地方，还去了最大的商场。汪颖对逛商场是最起劲的，她绝大部分时间都花在了看包、化妆品和试穿各色衣服。当然，汪颖明白现在还不是大手大脚的时候。不过看得出，汪颖是很喜欢这些东西的。两个人的中午饭是在商场的快食街解决的。尽管只是吃了麦当劳，汪颖觉得已经不错了，新奇感得到满足了。等到下午三点多，吴国斌和汪颖又回到了海边，他们将竹篓提出水面，看到里面有三只海螃蟹，汪颖高兴极了，这是她来美国的第一个周末。他们两人相隔距离不是很远，只要功课不忙，隔三岔五可以碰面。

---

① 邵万生：上海有名的食品老店。

汪颖来美后的第一个假日长周末，是吴国斌带她一起去了圣安东尼奥的海洋世界玩。他们看了各种动物表演，吃了德州有名的烧烤火鸡腿……两个人似乎度蜜月一般。汪颖的精力是充沛的，读起书来也很用功。吴国斌和汪颖因为各自有读书和工作在身，虽然离得近，除了节日假期，两个人见面没有刚来时那么勤了。人家讲，一忙起来时间就过得快，确实如此。

挨至吴国斌的最后一个学期时，工业工程系的同学就开始寻找实习机会。吴国斌有一年的合法工作机会。他当然不愿意放弃，于是开始向有关的公司投送简历。兀然，世界发生了一件出人意料的大事之后，美国政府开始收割了：它向所有在美国的中国人免费发绿卡，连申请费都不要你付，爽气得很。吴国斌和古西安已经做了两年多的室友了，彼此已经相当熟悉。吴国斌躺在床上对古西安说："古兄，按道理讲，你现在可以留下来拿绿卡，入美国籍了，我也同样。你对这个问题怎么看？"

黑暗里，古西安也躺在床上说："我也想了很久。老实说，这是蛮有吸引力的。但是我想，如果我留下了，我的心愿就不可能实现。如果一个人不能实现自己的理想，我奋斗是为了什么呢？难道就是一日三餐布衣暖吗？"

吴国斌问："那，什么是你的理想呢？"

古西安说："很简单，我是关中人。关中古时有八水绕长安①的盛景。我想，现在环境退化主要还是农林没有搞好。我的理想就是让陕西的黄土高原变成黄土绿原，那时候，陕北、关中、甘肃、宁夏等地和现在就会大不一样，那么，我的理想就实现了。我在美国的作用可能远远低于我在中国的人生价值。"

吴国斌问："我就不明白，古时候陕西应该是森林茂密，有山有水的地方。否则，帝王怎么会在那里定都呢？"

古西安："你不知道，黄土高原的土质很松散，呈垂直节理发育，干时硬得像岩石，湿时遇水而化。本来自然环境很不错，正是因为如此，帝王才会定都长安。定都的地方人口就会增加，就如现在的北京、上海一样，

---

① 八水绕长安之八水指渭河、泾河、浐河、灞河、沣河、涝河，滈河和潏河。众河入渭水，渭水入黄河。

那么人口增加就会有粮食的压力，大家都要吃饭嘛。粮食不够，人们就会去开荒，开荒又没有科学的知识，过度开荒和砍伐而不去种植会造成水土流失，过度狩猎会造成生态失衡。于是，土地渐渐沙漠化，当然，地球气候的变化也是一个因素，还有，历次农民起义和战争对自然造成的破坏也不可低估。你想，史书中说火烧阿房宫，烧了三月，那得毁掉多少林木啊。估计每个朝代更换，只要不是和平方式的就会毁坏一部分环境，主要是森林资源。所以，我们这一代人的责任是绿化沙漠，改造黄土高原。在陕北那一带，我们可以用飞机和人工播种的方式种植一些像绣线菊、刺梨、荆条、酸枣、铁杆蒿、沙棘和锦鸡儿之类的植物。等到环境改善了，土地肥力增加了，可以增加植物的种类，那时，陕西就会成为整个西北发展的重镇。所以，我很想回去，我不知道别人的想法，但是，对我而言，可干的事情太多了！”

吴国斌静默了一下，说：“你说得有道理。我也是在想，对我来说，如果我能够完成在这里的实习，有了一定的实践经验，回去可能价值更高一点。越是在百废待兴的时候回去，机会就越多。我想我们国家有那么多的发展机遇会让我们有用武之地的。”

古西安突然坐起来，在黑暗里可以感受其激动的情绪：“国斌，难得你有这样的想法。我是拿 J－1 签证出来的公派生，应该为国家效力的。所以不管情况怎样，我会回去的。想想黄土高原，我不回去改变它实在没有道理。”

吴国斌说：“不晓得那两位怎么想。”

古西安说：“小兵已经说了，这个周五晚上我们宿舍的人在一起聚聚，开个会，看看大家的想法。反正快分手了，如果志同道合，在国内说不定还有机会在一起合作。”

周五，大家一起弄了几个菜，每人一罐啤酒地聊起来。陈波说：“我的想法很简单，就是把我们家的产品早点卖到美国啦。这个不系（是）一时的主意，系（是）我们家商业的规划之一。所以我要在本地找一份工作，看看美国人是怎么搞商业运作的，以后我都可以在美国开公司的啦。”

对此，大家都表示理解和认可。

陈波自酸地说：“我是学商的，属于文科，对祖国建设起不到实质性作用。你们三位算是理工生，科技救国啦，能发挥的作用大多了。”

三个人开始调侃陈波："实业救国也很赞啊。我们给你时间哦。"

张小兵说："我跟西安一样，也是J1出来的公派生。我想国家派我出来读博士就是为了研究畜牧和环境变化的关系。以前我们国家这方面研究少了点，"他停顿了一下，"我回去后很可能会是本单位这个课题研究的带头人。所以，我没有理由不回去啊。绿卡固然有其诱人之处，那是对回去后找不到方向的人而言，我的方向已经定了，所以，绿卡对我是没有吸引力的。"

那年八月，古西安毕业后离校返回了中国。吴国斌则在休斯顿的一家石化公司找到了一份助理工程师的职位。年薪不高，但是，能和汪颖在一起了，对他来说也是很重要的。

半年多过去了，吴国斌与张小兵通电话时，张小兵告诉吴国斌，他的博士答辩已经通过，准备回国了。吴国斌的工作主要是用CAD[①]软件绘制一些部件的更改，还有就是帮顶头上司，一个印度工程师找资料、复印资料等杂活，真正的设计工作轮不到吴国斌这样的实习生的。吴国斌觉得这样下去学不到太多的新东西，况且，这个印度人老是催他每周一报写工作汇报，他不大喜欢，都是零碎杂活，汇报什么？工作都是印度人指派的，他只是按时完成。他觉得自己每周干了什么，老板应该很清楚，所以，吴国斌就更有了归国自己创业的念头。

吴国斌将自己的想法和汪颖转弯抹角讲了，汪颖马上不高兴了。汪颖说自己正处在考RN（注册护士）的最后阶段，没有空跟吴国斌谈这些事，吴国斌只能熄火，默不作声了。反正，最近汪颖以工作学习繁忙为借口，不跟吴国斌亲热了。一天早上，吴国斌在洗澡，看到下体勃起，想想自己这方面没有毛病，或许汪颖真的太忙了，他边洗澡边想。等他从浴室里出来，听到汪颖正结束一通电话，但是结束语是讲的日本话。吴国斌大为惊奇，想，汪颖从小所在的学区是学英文的，就是她离开上海前也不可能有时间去学日语的，他自己不懂日语，但是能够分辨日语的语音发音。阿那达哦爱西忑麻酥[②]是什么意思？

汪颖自从到了医院工作，实际上遇到很多困难。尽管她是护校（夜

---

① CAD是computer assisted design的缩写，意思是计算机辅助设计，为最流行的计算机设计软件。

② Anata O aishitemasu是日语"我爱你"的发音。

校)毕业的,但是,毕业不久她就出国了。所以,要硬碰硬地独立担负起护士工作是不可能的。幸好,她所在部门的两个医生都蛮帮忙的。一个是华人医生皇甫铭,另一位是日裔美籍医生大西裕志,英文名叫理查德。他们知道汪颖是新手,所以,一直叫文迪护士帮助指导汪颖。文迪是菲律宾移民,英文流利,是比较资深的护士。慢慢,熟能生巧,汪颖就学到了很多东西,几个月下来,汪颖可以应付百分之八十的工作了。现在,经过学习,汪颖对护士工作更加熟悉了,基本可以独当一面。她对大西医生是非常感激的,大西似乎对汪颖很有好感,经常夸她漂亮。文迪估计大西已经爱上汪颖了,因为有一次她看到大西医生在办公室亲吻汪颖。日子久了,他们两个的事基本就半公开了。皇甫医生当然知道这事,眼开眼闭而已。

汪颖考上 RN 后,有一次回家和吴国斌说自己想买房子了。吴国斌不同意,提出回国发展,摆出一大堆理由,因为马上要回国,买房不合适。吴国斌说,“我打听过了,虽然买房是项好投资,可是,我们现在如果要买房,就必须贷款,如果刚买了又卖,这是最不划算的。最主要是,”吴国斌分析,“现在国内市场巨大,不早冲进去,以后就困难了”。吴国斌有过为外企在国内销售的经验,先到先得的道理他知道得很清楚,如果留在了美国,一辈子就这样了。

为了回不回去的问题,吴国斌夫妻两个人吵架了。汪颖婚后第一次哭了,弄得吴国斌不知所措。但是有一点他是坚定的:回国一定要尽快。从古西安发来的电子邮件中,吴国斌觉得如果现在中国的经济高增长一直持续的话,估计到千禧年时国家会有很大的变化。古西安现在已经调到省农业厅农林局担任副处级职务,他的抱负就要实现了!吴国斌心里着急了。

一天,吴国斌发现自己的车子有问题不能用,就跟汪颖商量先用汪颖的车送汪颖去医院上班,然后自己开汪颖的车子去上班,因为修车行告诉他,他的车子可能要到第二天才能修好。汪颖将车子开到医院门口下车进医院了,吴国斌从副驾座位换到正驾驶座位,他看着汪颖经过自动门走进医院,直到看不见她人影为止。吴国斌准备驾车离开,这时,他看到一个熟悉的身影正走出医院。他以为自己认错了人,于是又多看了两眼。应该没错!否则不会这么相像的。于是,他摇下车窗,大喊,“皇甫,皇甫。”

皇甫铭似乎听到有人叫他的中文名字，左右回头看了看，看不到认识的人，以为是幻听。但是，那个声音又响起来了："黄浦江！皇甫，朝这儿看。"

"黄浦江"是皇甫铭在中学时的绰号，因为他的名字皇甫听起来像黄浦，同学们就瞎叫，变成了"黄浦江"。北方人认为上海人"王""黄"不分，实际上"浦"和"甫"在沪语中也是很难分的。皇甫铭祖上行医，父亲一直希望他成为医生。他母亲一系有很多亲戚在国外，所以，皇甫铭是当时最早出去的一部分中国人。美国有规定，只有绿卡移民才可学医，就是说，美国政府不愿意在外国人身上作这方面的投资。因为皇甫铭是移民来美的，有绿卡，从读医学院到在医院实习，再到现在成为安德森医院的医生，一路走来十分顺畅。现在突然听到有人叫他绰号，再掉头看，眼光总算落在车子里的吴国斌身上。"噢，是蝈蝈啊。你怎么在此地?"皇甫铭感到惊讶且奇怪。

吴国斌热情地招呼皇甫铭，"进来，坐进来讲两句。"吴国斌示意皇甫铭坐到副驾驶位子里，告诉皇甫铭："我在一家石化公司上班，来美国两三年了。刚刚送老婆上班，因为今朝我车子送车行去修，所以开老婆的车子。你好吗？这么多年不见。"

皇甫铭打量一下车子，是的，是汪颖的车子。于是就问："刚刚进去的是你老婆?"

"是啊，叫汪颖，你认得她?"吴国斌问。

"嗯……我同事。"

"真的啊。那太巧了。你要多帮帮她啊。"吴国斌请求道。

皇甫铭不置可否地说："她蛮好，现在蛮好。"想了一想，说，"不过……"但是话到嘴边，又停住了。

吴国斌问："不过啥?"

皇甫说："这样，你先去上班，我早上比较忙，我们周末有空聚聚，我请你吃饭。"

吴国斌因为赶着去上班，就说"好好"地答应，并没追问，开车走了。

周六汪颖值班。吴国斌来到皇甫铭安排的牛排馆。皇甫铭医生已经习惯吃西餐了，他觉得谈话氛围很重要，所以就近找了一家蛮有名气的牛排馆。皇甫铭太太也来了，落座后，点了海鲜色拉、腓力牛扒。两人边吃边聊了各自来美的经历，讲了不少逸闻趣事。皇甫铭向吴国斌介绍他的太太黄虹。黄虹也是一位医生，专攻小儿科。他们现在有一个女儿，三口之家挺美满的。吴国斌注意到，黄虹举止十分美化，好像是 ABC[1]。吃得差不多时，皇甫铭说："蝈蝈啊，我们是老同学，本来我是不想对你讲的，但是，异国他乡，我不和你讲，有朝一日，你后悔死了。"

蝈蝈问："什么事这么严重？"潜意识里他感觉一定和汪颖有关。

皇甫问："你和你太太是国内结婚的还是到美国认识的？"

吴国斌说："国内结婚的。"于是将他和汪颖的结婚事简略讲了一遍。

皇甫铭听后叹道："人在一定环境下是会变化的。你懂吗？！"

吴国斌忧心地问："发生什么事了？"

皇甫铭把汪颖和大西医生的绯闻粗线条地描了描。吴国斌兀然想起汪颖会讲日语，实际可能就是一两句爱语罢了，于是自言自语："怪不得。"

吴国斌问皇甫："他们大概有多少时间了？到什么程度了？"

皇甫铭回答："实际，这个已经不重要了。重要的是，你快点带她回上海。你不是打算回去吗？趁早。"

吴国斌和皇甫铭夫妇道别后，把车开得飞快。当时的高速路车子限速是 65 英里/小时，这是根据汽车耗油设计和事故概率数据算出来的规定。吴国斌此时脑子里呈现一幕幕和汪颖在一起的情景：他想到自己和汪颖一起去海边钓螃蟹，一起去圣安东尼奥的海洋世界，一起游览休斯顿的宇航中心，一起……现在想起来，这些以往的幸福时光现在已经成为痛苦的一部分而非幸福的记忆片段。他想，到美国转了一圈，捞了一个学位，丢了一个老婆，毁灭一个家庭。我值得走这么一趟吗？他问他自己。如果以前，哪怕就是昨天，吴国斌在回国一事上还有犹豫和纠结的地方，那么，现在吴国斌回国的决心已经坚定了！离婚的手续可以到国内办，清清爽爽、彻彻底底解决，吴国斌想。正在他思绪万千之时，他先是感觉到，随即马上又从反光镜中看到自己的车后有警灯在闪烁，吴国斌突然意识到自己车子开得太快，超速了。他赶紧将车子滑向便匝道停下，一个中年警察将警车以车头向外十五度的角度抵停在吴国斌车子后面，警察用车内的电脑核查系统核查了吴国斌的车牌，确认他不是在逃犯，然后，他一

① ABC：即 American-Born Chinese，美国出生华人的简称

手放在手枪枪套上，做出随时可以拔枪射击的姿势，一手示意吴国斌出示驾照和保险证明，警察问吴国斌："你为什么开那么快？每小时 65 英里的限速，您开了 80 英里！"

吴国斌没有好气："我老婆跟别人跑了。"

警察听后，微笑了一下："真的？"

吴国斌说："真的！我是五分钟之前刚刚被人告知的。"

警察说："开车要小心。你是学生？"

吴国斌说，"是。刚毕业"

"学什么专业？"

"工业设计。"

"噢。我这次给你一个警告，"警察说着写了书面警告单，"这次就不开罚单了。下次看到你再犯就会重罚。"警察告诉吴国斌。美国交通犯规的警告分两种，一种是口头警告，另一种是书面警告。无论是哪种警告都比吃正式罚单要好，因为吃了罚单不但要交罚款，还要去重上交通规则课。

"谢谢，警官。"吴国斌学着电视里通常对警察的回应说道。

"开车小心。祝你好运。"警察以同情心放过他一次。

吴国斌给印度阿三上司递交了正式的辞职书，两个礼拜后走人。一周后，印度人告诉他，明早就不用来上班了。所以，吴国斌这天留在家里收拾行李，汪颖觉得奇怪，怎么吴国斌今天不去上班？就在厨房里嚷问，"喂，蝈蝈，你怎么今朝不去上班？"

吴国斌姗姗地答道："我已经辞职了。"

正在洗碗的汪颖放下手中的碗，走进卧室，十分不高兴地问，"为什么？你要辞职为什么不跟我说一声，商量商量？！"

吴国斌冷冷地回道："我大后天就回国了。我为什么要和你说，你跟别人好的时候，有没有和我商量过？而且还是日本人！你太过分了！"

汪颖一听，知道事情已经瞒不住："既然你这样讲，那么，我们分开好了。"她哭起来，随后，又开始歇斯底里地叫喊："吴国斌，你根本不理解我。你知道我有多大压力吗？读护士也不是那么容易的！很多地方我根本不懂。你要我问谁？问老师？老师最多回答你一个问题还不耐烦。问同学？大家都自顾自的。我去问谁？问你？你又不懂！我只好问他。否则，我会那么顺利?!"

汪颖似乎越说越来气，越说越委屈："你能告诉我神经和突触神经元的区别吗？你能讲清楚胶质细胞的种类和它们各自的功能吗？你能帮我捋顺感觉受体和感觉器编码的关系吗？你能告诉我肽和类固醇激素的不同和它们在人体中各自的作用吗？你，你什么也不能!"

汪颖哭诉自己的难处。吴国斌叫喊道："那你找谁也不应该找个日本鬼！You make my stomach upside down！（你让我恶心!）"吴国斌想到他父亲以前跟他叙述过的老家人打日本鬼子的故事，突然飙出一句英文。

汪颖没再争辩。她穿上鞋，开车走了，并且一夜没有回来。

吴国斌收拾好自己的私人物什，第二天一早就飞了洛杉矶。他留了一封信给汪颖，所有的电器、家具都归她，并且告诉汪颖，合名的信用卡已经停用取消。他回国后就办离婚手续。

带着一纸文凭和一本悲剧，东航将一位海外受伤者带回了上海故乡。

# 11

俗话说，花开一枝，话分两头。

王晓萍实际上也不容易。她家原来住在闸北一片很矮小的平房里，俗称“滚地笼”，解放后那一带破房翻修后变成番瓜弄。但是，当时人们对居住此地人的歧视还是或多或少地存在的。王晓萍的姆妈陶娥娣，解放后在里委会安排下，在一家集体生产组以糊火柴盒为生，后来糊火柴盒变成了糊信封。改革后，不知道集体企业的领导从什么地方揽到了一些半死不活的加工生意：开始做服装翘边、上纽扣等针线工作。陶娥娣收入实在很少，加之本来一家住房不宽舒，周围环境又差，洗澡要么去浑堂，要么在家里随便一洗。夏天时，周围的邻居中，男孩都是在室外汏露天浴，上厕所要去附近的公厕，实在不方便。王晓萍还有三个弟妹，家里好比是螺蛳壳里做道场，实实在在是兜不转。她的爸爸原来是厂里的电工，家里主要依靠她阿爸的工资，勉强过得去。

有一年，进入黄梅季节，雨水不停，一连落雨落了快一个礼拜了。王德福，就是王晓萍的爸爸，被电机车间的人叫去修机器。偏偏机器电线老旧，又碰上雨天，王德福刚一搭手就触电，分明是维护缺失造成的漏电。王师傅双手被截肢，成了无手无臂的残疾人，虽然有单位的工伤补贴，但是，这个工伤事故对王晓萍一家的打击实在太过巨大。王晓萍自此发誓少用或者不用爷娘的辛苦钱！那年高考，她就只报考了师范学校中文专业，她想师范学校至少可以包学费和伙食费，可以说是最最省钱的办法了。按王晓萍的资质，她原本是想读戏剧学院的，但是一想到要用钱，就不知如何是好。她原来生活的希望是大学里交的男朋友，可是，男朋友和她好了一阵后，又和另外一个女同学好上了，因为男朋友家里嫌鄙她江北人的身份，王晓萍一生气就开始找外国人，一开始是带有报复的想法，几次被玩弄后没了自尊，所以一门心思想出去。她知道这是一条不归路，可是不走，她就想不出还有其他的路子可以改变自己的状况。毕竟环境限制，年纪小，没有生活经验，又无人指点，眼睛里看到的都是花花绿绿的世界。

王晓萍在洛杉矶机场的出口处等她的先生悃·迪克孙，可是很久都没有看到他的身影。王晓萍心里有点慌，也有点急，搞不清发生了什么事。大概有个把小时，终于看到迪克孙了，他走过来就要拥抱王晓萍，王晓萍心里抵抗，一是因为迪克孙迟到太久，她有些生气；二是因为她对迪克孙真的没有什么感情，分别了那么久，她甚至对迪克孙的记忆都有些模糊了。现在迪克孙突然要拥抱她，王晓萍心里纠结，但是一想，不好得罪迪克孙的，于是就凑上身体去迎合了迪克孙。

迪克孙并没有带王晓萍去可以称作为“家”的民居，相反，他开着他的看上去陈旧的“奥次莫比尔·弯刀”(Oldsmobile Cutlass)轿车去了一家汽车旅店。卸下行李，王晓萍走进去，看见房间里除了一张大床，床头左右两个床头柜、两把椅子、一台陈旧的电视机、一张写字台，其他就没有什么家具了。此外，房间里有一个类似灶间一样的空间，有水池、洗碗机和微波炉等。王晓萍对美国的居住情况不太了解，以为这就是悃·迪克孙的家了，她想这个房子条件太简陋了，与自己原来的想象实在差别太大。但是，王晓萍又不好问，也不知道怎么问法，所以就沉默不语，傻傻地站在房间里。迪克孙力气很大，行李箱一手一个就“拿”进房间。然后，他把房门一关，就将王晓萍按倒在床上，又摸又扯，嘴里还喃喃不断，王晓萍听不懂他讲什么，猜猜可能是爱语。而且被迪克孙如此一弄，也不免有了性欲，两人云雨一番，王晓萍有点困丝萌动，嘴巴又干，就想找水喝，可惜没有看到水，便张口要水喝。悃·迪克孙挺着大肚皮说：“亲爱的，水在柜子里，我买了瓶装水。”说着，还指指柜子。王晓萍打开柜子，看到大瓶水，就寻出杯子来倒水。喝了两口水后，突然觉得肚皮咕咕响，大概长途飞行没有好好吃过饭，现在饿了。就对迪克孙讲，自己 hungry(饿了)，想吃东西。迪克孙答应着，随后又将王晓萍按倒，两人又亲密一番。王晓萍此时觉得自己对迪克孙没有刚见面时那样的陌生感了，反而有了亲近感，她心里想，这就是自己要依靠一辈子的男人。如此一想，一丝爱意油然而生，所有父母和弟妹对她的反对、周遭朋友的冷嘲热讽全部跑没影了。

王晓萍家里对她远嫁这个叫悃·迪克孙的美国黑人是不同意的。在上海的时候，因为家里条件差，王晓萍没有请迪克孙去过自己家里。后来王晓萍和迪克孙到民政局登记结婚时，王晓萍全家和迪克孙在他寓居的金沙江大饭店见过一面，并且由王晓萍父母出钱请了一顿饭。这次请客是勉强的，王晓萍母亲认为这个黑人长得高高大大，但是面有狡黠之相，一种本能的护犊之情让王晓萍母亲陶娥娣私下对王晓萍发了脾气。可是，生米已经做成熟饭，接受不接受黑人女婿已经不重要，想到自己的家庭情况，王晓萍父亲想，这或许是一条活路，因为报纸杂志都把美国说得好像富得随便地上可以捡到黄金一般。王晓萍心里清楚父母的想法，所以去机场时只叫了自己的闺蜜，家人中只有和她关系最好的三妹作代表。这种酸楚，她在飞机上是没有办法告诉吴国斌的。这也是她和迪克孙做爱时候非常配合的原因之一。

两个人穿好衣服，惃·迪克孙带王晓萍去了附近一家肯塔基店，点了家庭套餐，王晓萍觉得炸鸡很嫩，面包也很松软，食物下肚后，她觉得人不困了，反而有些精神，这是第一天王晓萍在美国的经历。夜里，王晓萍开始有时差反应，就是睡不着，心里开始想事：怎么惃·迪克孙住的地方有点逼仄？为什么他没有让我和他的家人见面呢？因为想问题，加上时差，她索性起床到室外走动。她看到其他房间的门都关着，窗帘也拉着，看也看不出个所以然，她就向外走去，走到大门口时，看到有英文的标识“Sunset Motel”，这几个英文字王晓萍认得的。她虽然英文不够好，简单的还是可以的，尤其出国前，她花了功夫学习了不少英文单词。王晓萍就奇怪了，为什么迪克孙要带自己住在旅馆里？刚到时，看到两层楼的建筑还以为那是和上海新工房类似的民居。惃·迪克孙带王晓萍开车进旅馆时是开车进边门的，当时王晓萍并没看到这些英文字。现在，她知道自己在汽车旅馆里，她找到值班室，也就是所谓的旅馆大堂。大堂里面没人，可能是夜深了，值班员打瞌睡了，也可能是他（她）临时有事去办理，反正房间里空空荡荡，柜台上有很多花花绿绿的广告。王晓萍就拿起一份Sunset Motel（日落旅店）的广告，里面有大房价格、小房价格，有包房价格。长包房，一周九十九美元等等。

王晓萍将广告放回原处，就返回自己住的房间。迪克孙还在呼呼地睡觉，王晓萍心里十分困惑，为什么迪克孙没有自己的住家？这个不合常理呀！迪克孙不是飞机公司的员工吗？他的收入应该不错啊。实际她不知道的是，当初飞机公司通过第三方招收了一个电焊工，因为美方以为中方电焊方面需要帮助。当时到中国去工作，不是像后来人们看到的那样情况。当时情况是，因为多年负面宣传，许多美国人都知道中国是一个贫穷且落后的国家，飞机公司的员工相当一部分是有家室的，年青人中很多和情人或未婚妻（夫）在一起住，不想离开，因为离开后不知道会发生什么。更主要的原因是你一旦去中国工作了，你原来的岗位很有可能就会被别人顶替，等你回来，你不一定能得到同样的工作或职位。如果你是非本公司指定的外派员工，回美国后更有这种可能性，而且，一些技术工种有每年执照更新的要求。要更新执照就要上课，每年重新认证执照的课程没有办法像现在一样可以在网上完成。那个年代，英特网还没有流行，况且一般人对中国不了解，以为上海是像非洲那样的荒芜之地，诸多原因加起来，愿去中国工作的人就不多。迪克孙是听说去中国工作有奖金才去报名的，就是说，只要你愿意去中国工作，就有所谓的"新开户头奖励金"，即英文的 sign-up bonus。等迪克孙到中国后，美国公司发现，中国的焊接技术并不像传说中的那么糟糕，所以，公司与山·迪克孙的半年合同一到期，美国母公司就不和他续约了。返回美国后，山·迪克孙的工作由原先一周工作五天变成了一周只能工作四天。这些情况王晓萍是不可能了解的。

到了凌晨四点许，王晓萍睡着了，一直睡到隔天上午十一点才醒来。她一翻身，发觉山·迪克孙不在了，便赶紧起床，打开门看看外面，只见有两个人正走出旅馆，另有一辆车开进来，除此什么也没有。因为初来乍到，对环境不熟悉。身上只有从中国带来的三十美金和几千人民币，她就不敢造次出去。王晓萍重新回到房间，心里有一丝丝不高兴。又一想，可能是迪克孙的好意，不愿意吵醒自己。"可能他上班去了"，王晓萍想。她打开冰箱，看见里面有一桶牛奶和一桶水，还有一袋面包和一包黄色的奶酪。她那时对奶酪不了解，不敢动它。只是拿出两片面包，在橱柜里找到一只杯子，倒了一杯牛奶，吃了两片面包，喝了杯奶，回到床头，打开了电视漫无目的地看起来。电视里正在播演的是美国最有名的电视系列剧之一《我爱露西》①。王晓萍听不懂对话，因为这和她学的《新概念英语》和

① 《我爱露西 I love Lucy》是美国滑稽剧，极受欢迎，久播不衰。

《美语 900 句》等课本里的内容对不上号，更不要说男主角带着古巴口音的英语了。不过从演员夸张的动作和表情，加之每到笑点就有人为植入的笑声出来，王晓萍还是能够估摸出一些情节的发展和人物想表达的意思。她被演员的滑稽动作弄笑了，这是王晓萍到美国后第一次发出由衷的笑声。

一直到下午四时，王晓萍又觉得饿了，面包不垫饥啊。她就打开自己的行李箱寻找带来的饼干和其他零食。这时候，迪克孙推门而入，手里拿了好几份中文报纸。王晓萍心里蛮高兴，不错，他还知道让我看中文报纸。迪克孙看见王晓萍在吃零食，问王晓萍，“你没有出去?”

王晓萍回答:“没有，我不熟悉环境，也没有车，不知道路怎么走。”

迪克孙问:“你吃的东西哪里来的?”

王晓萍说:“是我随身从中国带来的。”

迪克孙“噢”了一声，对王晓萍说:“我在中国城拿了中文报纸，明天你要找到工作，去挣钱！为你他妈的办签证，和你结婚花掉我很多钱！我现在没有钱了，你要自己付旅馆费。否则，你就回中国去!”

王晓萍心里一惊，我才刚刚到啊，时差还没倒过来就要我去上班啊?不是，你不是有工作吗?她心里这样想，嘴里一句话也讲不出。

迪克孙看王晓萍不回答，一把将王晓萍拖起来:“叫你找工作，懂吗?婊子!”然后，将一叠报纸往王晓萍面前一推，“现在就打电话给他们。”迪克孙气势汹汹地命令。迪克孙似乎咨询过谁，知道中文报纸上有找工和招工广告。

王晓萍只好从报纸上众多的广告中搜寻有关餐馆的招工栏目。在上海时，她听人说打餐馆工最容易，所以她就翻餐馆工的广告。她看到一则广告，好像自己可以符合条件，她就拿起床头的电话，却听不见拨号声，于是有点茫然。迪克孙见状，蔑视地说:“先拨 9，再拨号。”

王晓萍照着做了，问了两、三家餐馆都因为她是新手，人家不要。迪克孙有点生气地说，“你明天到楼下坐公车去中国城一家一家地找！我给你三天时间，你找不到工，就滚他娘的蛋。你的护照呢?”

王晓萍茫然，“要我护照干什么?”她没有回答，只是本能且机械地望了一眼自己的背包。迪克孙好像得到灵感了一般，抓过王晓萍的背包就是一通乱翻。他不但找到了王晓萍的护照还找到了钱包里的三十美元。

迪克孙把护照揣进自己的口袋，数了数美金，丢给王晓萍十元，“这是你明天的车钱和午饭钱，不管什么工，你要去找。我他妈的养活你容易吗?!给我洗脚!”

王晓萍懵了，洗脚？从小到大，我有给人洗过脚吗？从来没有！连父母的脚我都没有洗过，所以，王晓萍就沉默。

迪克孙过来推搡着王晓萍：“听见吗?！他妈了个巴，给我洗脚！人家说，亚洲女人都会做的!”

王晓萍说：“我不懂你讲的是什么，我不会啊!”

迪克孙生气了，他起身去拿了个盆子过来，丢给王晓萍：“放热水，给我洗脚。我累死了!”

王晓萍只得拿着盆子去洗澡间，从浴缸的水龙头放了热水在盆子里，然后放在迪克孙坐的椅子前。迪克孙自己就将脚放到盆子里去，命令道：“给我洗!”

王晓萍转身去拿了一块小毛巾，给迪克孙洗起来，然后帮迪克孙擦干脚。王晓萍端着水盆刚把水倒掉，就听迪克孙喊他过去，她来到迪克孙面前，不知道又有什么事要她做。

迪克孙说：“给我按摩！都说，中国女人会按摩。快点。我累疯了。”

王晓萍看着迪克孙巨大的身板，不知如何是好。她从来没有学过按摩，根本就不知道怎么按摩，但是看到迪克孙生气的样子，她只好将手放到迪克孙的身上，可是没有任何的按摩动作。

迪克孙这下又来气了：“你按摩呀！你这个混蛋，为啥没有动作?”

王晓萍没有学过这些骂人的英语，但是，从迪克孙的表情、动作和语气上明白他是在骂自己，王晓萍无法高兴起来。她用手在迪克孙的身体上乱抓了两下，迪克孙感觉王晓萍没有给他按摩，或者，他认为这是王晓萍故意的。于是，反手一巴掌打在王晓萍脸上，嘴上还不住地谩骂。

王晓萍从来没有料到会有这样的事情发生，心里一惊，开始哭泣。迪克孙看到王晓萍哭泣，随即就是一脚，直接把王晓萍踢翻在地上。

不知道过了多久，王晓萍以为自己睡着了，但是身上有重量，用手摸了一下，觉得自己在床上而不是在地上，身上的重量是迪克孙，他又在拿自己发泄了。王晓萍心里此时好后悔好后悔，她不知道明天还会有什么事发生。

第二天早上已经快十点了，迪克孙就催刚洗完澡的王晓萍去找工作，王晓萍按照迪克孙讲的，先到下面旅馆登记处将十元美金破成零钱，然后就找到汽车站。洛杉矶的公共汽车站没有路名，也没有线路图，更没有价目表。王晓萍不晓得应该是在街的这边上车还是在马路对面的车站上车。她心里慌慌的，脑子里想到昨天挨的那记耳光，愤怒的情绪就冒出来了，她想一跑了之，念头刚一冒出来，又马上想到自己身上一无钞票，二无护照，三无目的地，上哪儿去啊?！王晓萍想想实在冤屈，可是没有办法啊！她跑回旅馆登记处，问值班的墨西哥女人，中国城怎么走？墨西哥女人回答得模棱两可，“大概，大概”地讲不清，于是叫王晓萍等一下，转身就进了另一间似乎看似经理办公室的房间，不大工夫，一个头有点秃的华人模样的中年人出来了，问:“你是中国人?”

王晓萍喜出望外，连忙套近乎:“是的，是的。我是中国人。”

那个秃头用中文问:“那么，你去哪里?”

“中国城。”

“你是大陆来的?”秃头经理问。

“是，我刚到，我刚到。”王晓萍迫不及待地寻求帮助。

“噢，你出门右拐，有个公车站，上去丢一块钱硬币，问一下驾驶员哪里下来，应该不会迷路的。老远你就会看到中国字的标牌。看到你就下车。记得下车前在座位的窗户旁有一条橡皮带，你揿一下，这是告诉驾驶员你想在本站下车，驾驶员就会在站点停车的，否则车不停，你就会错过站。顺便问一下，你去中国城做什么?”

“我，我……随便看看，刚来。”王晓萍不好意思将自己找工的打算告诉那个陌生的华人，而且听口音不是大陆人。

“噢。实际也没什么好看。”说完，他突然问王晓萍:“你是住在这里的客人吗？好像没有登记啊。”

“我，我是迪克孙的妻子。”

“噢，这样子啊。”那个人便不问了，折身返回办公室，边走边自言自语地说，“自求多福。”

王晓萍按旅馆华人的指点，很快找到了中国城。时间差不多是上午十点四十五。她有点兴奋，这就是所谓“中国城”啊！但是，她又无心去逛街，她心里好想找到一份工作。她看到一家餐馆门开着就走进去，里面没人，厨房里倒有水声和锅勺的响声，王晓萍壮起胆朝里走去，厨房里面出来一个女人，问："还没开门，请问你有什么事?"

王晓萍连忙自我介绍一番，说可以做任何工，那女人看了她一眼说："对不起，我们这里现在不缺人，到其他家问问吧。"转身走开，嘴里嘟囔，"人长得好看有什么用。"

王晓萍好似被浇了一瓢冷水，只能默默鼓励自己一番。她又去另外几家餐馆试试，别人不是嫌她是生手就是嫌她不会讲粤语，不是嫌她英文不够流利就是嫌她是大陆人。王晓萍看看已经过了中午，餐馆开始忙碌了，她看见人们三三两两地走进餐馆，忽然感觉自己肚子也开始饿了。想到身上只有几块钱，她实在不敢用。还是回去吃面包吧，这样想着，她就近瞎走了一圈，原路返回了。

迪克孙好像专门在房间里等她似的，知道她没有找到工，就开始辱骂她："你这个婊子，你不是中国人吗？怎么连中国餐馆的工作都找不到呢?!"

王晓萍无奈反击道，"又不是我不找，人家不用我，我也没办法。"

迪克孙又给王晓萍一记耳光："你还还嘴?！还有两天，你就下地狱了!"

王晓萍"哇"地一声跑进卫生间，看见自己漂亮的脸上有几道手印。悲从中来，她把门关上，抽泣了一阵。

第二天过了中午，王晓萍才出门去找工，她想让脸上的红印尽量褪去，一点小小的自尊她还想保留。

这次王晓萍走得远点，因为车站附近的餐馆她都问过了，结果大致和昨天一样。王晓萍非常沮丧，她拐弯看到有家书店，里面有卖报纸杂志，就进去了。她问站在柜台后面戴着眼镜的男人可不可以看一下报纸广告，那人说不可以，并问她道，看什么样的广告？王晓萍告诉他，自己想找餐馆工，但是不晓得去哪里找，想看看报纸上有没有招工广告。戴眼镜的说，今天又不是出报日子，就是有广告也已经过期了，很大概率是可能人家找到人了。戴眼镜的这样一讲，王晓萍就没有了信心。

戴眼镜的看见王晓萍站在柜台面前没有走的意思，就说："马路后面去问过吗？去问问看，说不定啊……有的老板招工不愿意放广告的。"

王晓萍两腿沉重地迈出书店，不知道去问哪家餐馆好。找工费时间，找不到工同样费时间，因为你进店总要先问老板在吗，等老板出来，要被盘问，再决定，半小时就过去了，目前为止，王晓萍没有好消息。

“今天回去又要被打了。”王晓萍心里这样想着，走了有一站路，来到一家名叫“闾里人家”的中餐馆。她已经有点累了，抱着试试看的想法走进去。现在时间是下午四点半左右，正好是晚餐开始前的一段闲余时间。员工们零散地坐在那里，一边折叠餐巾和准备调料瓶等物品，一边聊着天。先看到王晓萍迎上来的是位男企台，问她有什么事。王晓萍简单地回答，“找工。”

那位男企台请王晓萍等一下，就到后面去了。不一会儿，出来一个中年妇女，看上去蛮慈眉善目的。她问王晓萍：“你找什么工？”

王晓萍急切地说：“任何工，只要有工做。”

那个女人问：“做过吗？以前。”

王晓萍微微摇摇头。

“刚来吗？”那个女人问。

王晓萍轻轻地点点头。

“哪里来的？”

王晓萍咬着嘴唇：“上海。”

“噢，是上海小姐啊。”那女人显然有种他乡遇故知的热情，她走近了王晓萍，端详了她一下：“你来美国之前是做什么的？”

“学生。”王晓萍用极其轻的声音回答。

“噢，那你来美国读书？”那个女人又问道。

“没有，”王晓萍尴尬地回答，“结婚。”

“噢，是移民啊。移民有身份①，可以的。”那女人说着，想了一下，“你贵姓？”

“王。”

“王小姐，要不这样，你先试试，每天下午四点到店，做晚上的。周一到周日，礼拜二休息。你看好吗？”那个女人显然是老板，可以给王晓萍讲得这样具体。

王晓萍眼里噙着泪花，她想哭，但是她不能够哭，于是赶快点头并鞠

---

① 移民有身份是指可以合法打工上税，不用担心被移民局稽查。

了一躬。待她知道自己忍住眼泪的时候,她问道:“今天是礼拜四。我什么时候开始上班?”

那个女人可能已经观察到王晓萍的表情变化,说道:“就今天吧。今天开始上班。阿立,你带王小姐到后面去换一下衣服,给她讲一下工作和要做的事情。”

随后对王晓萍说,“他是老企台,比较懂得多,你跟他学学,几天就会了,不是高科技。”

王晓萍跟着那个叫阿立的人到了后面。阿立从库房里找到一套穿过的工作服:“呶,就换这一套吧,那个辞工的人和你差不多高。”

换好衣服,王晓萍看起来像个女企台了。那个女人过来一看,说:“蛮登样的。今天先跟我学收银,明天熟悉厨房,后天在外面做企台。一个礼拜应该够了。”

王晓萍谢了又谢,跟着那个女人来到收账台。那女人说:“我姓金,以后叫我金姐好了。”金姐告诉她,收钱时,尽量出大票给客人,比如,八十八块六毛七,尽量拿四张二十元的,一张五元的,三张一元的,然后才是两个二十五美分的硬币,加一个一毛和一个五分的硬币,再加两个一分钱的硬币,全部数清后,当面点给客人。最后要自我保护地加一句,“都对吗,请当面点清。谢谢。”一个是礼貌,一个是为了确认,因为有些无赖老美会找茬,明明自己搞错会赖到你头上。

王晓萍细心地记着。

金姐又说:“收到大票比如五十、一百的,要先看看有没有假票。收假票,你要自己赔。所以,收大票要谨慎,我等下教你怎样辨认假票。还有,收到大票,先要放在银箱外面,用东西压住,等零钱找了后才可以放入银箱,否则客人明明给你五十,他会说给了一百。这个搞错,你也要自己赔的。再有,大票最好放到收银盒下面,呶,”金姐把收银盒提起,做了示范,继续道,“或者放在其他安全的地方,这样万一有歹徒来抢钱,也不会损失过大。如果晚上你结完账,最好把大票放在香烟盒里,记得里面放几支烟,其他散钱可以放在装食品的纸袋里。都学会了吗? 来,你自己做一遍。”

王晓萍就按金姐的意思做了一遍。忽然,金姐对王晓萍说:“你没有跟我撒谎吧?”

王晓萍有点莫名："没有，我真没撒谎。"

金姐说："怎么你脸上好像被人打过啊。"

王晓萍听金姐这样讲，眼泪不禁夺眶而出，赶紧转身，用衣袖擦拭眼睛。金姐叹了口气，道："不要让情绪影响工作哦。"

那个晚上是周四，店里不是很忙，九点钟是员工开饭时间，吃完饭九点半员工下班，周末一般要开到晚上十点半。员工吃的菜和店里出售的不一样，比较起来是更道地的中国菜而不是美式中国菜。王晓萍满满地给自己盛了一碗饭，然后开始狼吞虎咽起来，金姐观察良久，问王晓萍："你今天中午吃了什么？"王晓萍记不起自己中午吃了什么，好像是喝了一杯牛奶，两片面包和自己带来的小零食？所以，她没有回答。金姐又叹口气："王小姐，你明天，这样吧，你明天上午十点半到餐馆，做全工。早上可以到餐馆吃饭，我们是早上十一点吃早饭，下午三点吃中饭，晚饭晚上九点吃。你看可以吗？"

王晓萍的眼泪再也控制不住，她用断续且颤抖的声音点着头："谢谢，谢谢。"

泪水顺着王晓萍的脸颊滴入饭碗，这口饭，王晓萍感觉非常咸。

王晓萍回到旅馆时已经十点半了。迪克孙生气地责问，"你怎么这么晚回来？"王晓萍说，"我上班了……"迪克孙听说王晓萍上班了，立刻来了精神，"你找到工作了？"

王晓萍点点头。

"赚到钱了？"

王晓萍没有吱声。

看到王晓萍不作声，迪克孙便骂她，并开始搜王晓萍的口袋，翻到一张十元的面票就开始训斥王晓萍："你是我带到美国的，以后赚到的钱都要交给我，我要用它交房租和买吃的。"然后，又骂道，"出去一天，才赚十元?！他娘的，狗屎。"马上又自我安慰，"总比没有好。"

王晓萍见迪克孙把钱拿走就说，"那我明天没有车费了。"迪克孙把十元美金放进钱包，然后从里面拿出一张五元的钞票递给王晓萍，"你的车费！"迪克孙的嘴开始甜蜜起来，"宝贝，我说你行的。你漂亮、年轻，你看，一来就开始赚美金了。十美金在你们中国要干好多天活呢。"说完，就过来把王晓萍一把推倒在床，然后整个身体压住了王晓萍。

王晓萍心里开始痛恨迪克孙。她想：只要绿卡到手就出逃。

第二天是礼拜五，王晓萍在厨房干了一天活，从认菜、背菜单到外卖包装程序全部都学了一遍。虽然有点累，但是，王晓萍觉得这是她到美国之后最快乐的一天。周末开晚饭是十点，结束一般是十点半。十点半是指最晚接待客人的时间，就是说，如果有客人在十点二十九分进店，你也要接待。有时，有的客人来得晚，还喜欢在餐桌旁讨论人生理想、哲学思辨、家庭恩仇、工作规划，那做企台的就惨了，你不能赶人走，要等客人自愿离开，有的客人了解到这一点，比较懂道理，晚走就多给小费。只是对像王晓萍这样靠搭公车通勤的人来说，又有新的不便。这一晚，两个情侣说得兴起，很晚才离开。王晓萍收拾完餐馆的桌椅，抬腕看了一眼手表，突然意识到最后一班公车已经赶不上了。她就想，只好在餐馆里蔀[①]一夜了。

金姐一听王晓萍的想法，立刻说："这不行的。美国有很严格的商业法，餐馆不可以住人，抓到是要罚款的。"她看了看墙上的钟，说："这样吧，你住哪里？我送你吧。"

别无他法，只有让金姐送了。王晓萍心里其实不愿意，但是事到如今，也没有其他办法好选择。王晓萍告诉自己坐公车的路线，可是，金姐还是没有什么具体的概念，因为金姐不坐公车。王晓萍突然说，"往日落旅馆开就可以了！"，金姐不知道日落旅馆在哪里，亏得金姐在本地时间久，她马上想到问询台，于是就把车停在了一个电话亭旁边，拨通问询台，要了日落旅馆的电话，直接打过去了。接电话的是那个秃头经理，他告诉金姐旅馆的具体走法，金姐就好奇地问王晓萍："你不是嫁到美国了吗？怎么住在旅馆里呢？而且那个区域治安不是很好哎。"

王晓萍见已经瞒不住，而且金姐也算是自己的恩人，于是将真实情况告诉了金姐。金姐就问："那么，你脸上的印痕也是他打的？王小姐，你可以报警呀。"

王晓萍连忙摇手："我绿卡还没拿到。他报警，我就死路一条了，而且我的护照还在他手里。"

---

① 蔀（bù）本意是搭棚子用的席子，此处引为宿住，方言。

金姐说，“我真的很同情你，但是，你要想想，如果你不离开他，你以后生活更苦。我要是你，马上离开他，你长这么漂亮，不会找不到好男人的。找个有身份的华人，你不是一样可以拿到绿卡吗？”

王晓萍胆怯地问：“这样可以吗？那么，我的护照怎么办？在他手里呢。”

金姐说：“只要护照还在那个房间里，我们就有办法。现在最要紧的是不要怀孕，否则就糟糕了。”

王晓萍说：“这个我已经想到了，我带了避孕药。”

金姐舒了口气说：“还算有点脑子。”

车到了日落旅馆门口，金姐让王晓萍下车自己走进去，金姐怕万一迪克孙看到自己的车子会惹出不必要的麻烦。王晓萍走进房间后，迪克孙还是问了：“怎么他妈的这么晚才回来？”

王晓萍便小心翼翼地向他解释客人不走自己没法离开。

迪克孙问：“谁送你回来的？”

王晓萍不想提金姐的名字，就说是同事送的，人家正好是顺路。王晓萍又从兜里掏出一些钱给迪克孙。迪克孙便不再盘问了。

一个多月过去了，迪克孙和王晓萍相安无事。王晓萍按迪克孙的要求，每日把二十来块钱交给迪克孙，这样可以稳住迪克孙。因为第一次王晓萍只拿回十元，所以，迪克孙知道王晓萍做的是低薪工作。王晓萍已经听从金姐的安排，工资是可以报税的，因为王晓萍已经拿到了社会安全号。企台是低薪工作，一天就是十几到二十元的底薪，其余全靠小费。金姐告诉王晓萍，小费分成两份，一份存在店里，另一份拿回去对付迪克孙。所以，尽管迪克孙不相信王晓萍的话，也搜过几次，但是没有什么结果，于是就不再追问。这等于是王晓萍和迪克孙两人住旅馆的费用全部是由王晓萍在支付。王晓萍解决了住的问题，她吃是在店里，可以不依靠迪克孙。周一那天，王晓萍会将客人没有动过筷的剩余食物放在一边，店里有规矩，厨房出去的食品不可以再送回厨房。王晓萍将这些食物带回去对付礼拜二的三餐，迪克孙也跟着享用，以为是王晓萍带回来给他吃的。金姐让王晓萍把自己办出国签证的资料有空时带到店里。王晓萍便遵嘱照办了，两人在经理室研究了以后，金姐说：“他填报的地址还有用吗？那里应该是你真正应该去住的地方！”

王晓萍说，“我刚到的时候也想到过这个问题，可是我不知道怎么走，而且没有车。”

金姐说，“这样吧，我托人去查查。你有他的驾照号码吗？”

王晓萍回答说，“我看到过，但是我记不住那个号码。”

金姐问，“上次你说那个旅馆的经理是台湾人？”

“好像是吧。”王晓萍不肯定地回答。

“没关系，可以查一下，入住登记是用他的证件吧？”

“是的，我一来就被他带到这里，肯定是他的。”王晓萍说。

又过了两个多礼拜，金姐把王晓萍叫到办公室，告诉王晓萍：“我找朋友帮忙查了，迪克孙家原来在长滩，就是你们结婚时他用的地址。现在，他已经搬到亨廷顿海滩那边住了。他有家室，他太太还住在那里，有两个孩子，一个是他和他现在太太的，另一个是他和他前妻的。”

“我的妈呀！”王晓萍听了快晕厥了：“那么，那么说起来，我就是个……”她本来想说小三，想想不对，我怎么是小三呢？“我是被他骗了？”

“你们在上海结婚时有没有要他的单身证明？”金姐问。

“好像有过，不过上面就一个人签名，也没有公章，反正看不太懂。”王晓萍回忆说。

金姐问：“你现在打算怎么办？”

“那，那只有逃走？！”王晓萍茫然道。

“越早越好！”金姐替王晓萍回答。

“到哪里去呢？”王晓萍问金姐。

金姐问，“你在德州有亲戚？”

王晓萍有点茫然，但很快意识到自己有一次偷偷地给德州的吴国斌打了电话，电话打到系里，是系学生办公室，一个接电话的人告诉她吴国斌的联系电话，王晓萍又打过去，一个男的接的电话，说吴国斌上课去了。王晓萍最开始打电话给吴国斌，是因为她已经不能够忍受这种生活了，她想看看吴国斌有没有办法帮她一把。后来王晓萍因为处境改善了一点，就没有再想麻烦吴国斌，也就没有再打过电话。金姐肯定是看到店里电话账单上有外州的电话号码才这么说的。照理这个是不允许的：员工不可以用店家的电话打自己的私人长途电话。但是那个时候，王晓萍已经实在想不出其他办法了。

王晓萍于是回答："那是我在上海认识的一个老乡。本来想让他帮忙的，但是，我想他是个学生，可能也帮不了我。那个长途多少钱？我要付钱给店里。对不起，应该早点和您讲的。"

金姐似乎并不在意那个长途电话的费用问题，听了王晓萍的回答"哦"了一声，说道："我们店后面不是有一片佰文楼吗，到那里租一间房不贵，你的薪水加起来可以对付了，吃饭不用花钱，也不用交钱了，又没有通勤费用，每月应该还可以剩下一些钱。到时，你要去法院告他重婚罪、家暴罪，马上离婚。对了，你有他家暴你的证据吗？"

王晓萍想想，有点不情愿地拉开上身的衣服，"上次他拿烟头烫我胸脯的印痕还在。"

金姐不愿意看王晓萍胸脯上的烫伤，移过视线说："那就好办了。"

王晓萍和金姐商定先把护照弄到手再说。那天，金姐把店里的五金工具带上，算好馄·迪克孙一般周二下午会出去，等他一出门，王晓萍就把窗帘拉开，金姐看到信号就来到王晓萍房间，两个人将房间各处翻了个底儿朝天，最后在橱柜底下看到一个铁盒，她们用工具将其撬开，里面果真是王晓萍的护照，还有两百块美金，金姐让王晓萍把护照和美金都带上，然后拖着王晓萍的两只大行李箱和其它行李，将它们一并装上金姐的车子，吱溜一声开走了。

迪克孙回到旅馆的时候已经张灯。本来他是想回来叫王晓萍烧晚饭给他吃的，他经常说，我现在用不着去中餐馆了，我老婆就是中餐馆。但是，今天他一踏进房门就发觉不对，他连忙趴下用手摸橱柜底下的那只铁盒。因为橱柜和地面的空间很窄，他块头大，就是用手摸都显得有点困难。迪克孙费了点力，摸到了那个铁盒子，但是盒盖已经被人撬开了，里面王晓萍的护照和两百美金不知去向。他愤怒异常，俗话常讲，"怒从心中起，恶向胆边生"，其时其地，迪克孙确实是如此的。他像猛兽一般冲进旅馆登记的地方，大叫大嚷，怪旅馆失职，没有尽到保护房客的责任。值班的墨西哥女人被他吓一跳，不知如何是好。秃头经理立刻打了 911 报警电话，三分钟以后，两部警车开进院子里，四个警察将还在咆哮的迪克孙带到一边，问道："你为什么要破坏旅馆财产？"

迪克孙叫道："他们放任贼人到我房间大施偷盗，现在我的钱被偷了，我太太的护照也被偷了。"

警察就叫秃头经理带上房间钥匙在前面带路，来到了迪克孙的房间。警察在进门前先拔出手枪，做出时刻准备射击的样子，进入房间后，警察从厕所到厨房，把每个柜门都打开查看。两个警员守着迪克孙，另外两个执行搜索。在检查桌面的东西时，一个警察从茶杯下看到一封信，打开看了，又和另外一个警察互相商量了一下，对迪克孙说："是你太太留给你的信。东西是她的，她拿走了。她说你欺骗了她，你娶她时你并没有离婚，她告你有家暴她，所以她才逃走。我们要调查一下，跟我们走吧。"

金姐把车子开出旅馆大门时，汽车发出了刺耳的"嘎嘎"声，金姐奇怪了，过去一直不知道别人是怎么将车开出这种声音的，今天突然之间自己也会开车开出这种声响，倒是把金姐自己吓一跳。她嘴里一直在失措地说："哦，上帝，哦，我的天呐。"好像她背后有人在追她似的。现在往哪儿去？她在高速公路出口处转了弯，确认后面没有人跟踪后，金姐掉头将车子朝亨廷顿海滩市开去，在当地一条小马路口，金姐把车拐进去了。王晓萍抬头看看路牌，上面写着 Bolivar Drive（玻利瓦尔路），金姐将车远远地停在一侧，坐在车里对王晓萍说，那个 731 号就是你先生的家。王晓萍一眼望去，房子看起来很小很旧，门口草坪看上去是野草居多，说明很长时间没有施肥除杂草了。房子是木板房，看得出很久没有油漆了，因为原来的蓝色现在因年久已经泛白。前门外有一个回廊似的空间放了两把老旧的椅子。这时，一个十分肥胖的女人从里面出来，她慢慢地走到人行道边的邮箱收取邮件，她的体格硕大，不夸张地说，实在可以说是三倍于王晓萍的体魄也不为过。她可能在做头发，头上插满了各种颜色的塑料卷发筒。

王晓萍愤愤地说："我真是瞎了眼，碰到这种外国人。我们回去吧，我不想再知道更多的了。"

金姐一边将车开出社区一边评论道："这里可能是这个城市里最破旧的区了。"

其实，即使王晓萍想多逗留金姐也不敢，她开着宝马车在这种社区本身就让她有点担心害怕。王晓萍问："现在我们去哪里？"

金姐说："你想住哪里呢？"

王晓萍说："我真的一点都不知道。你是老美国，你帮我决定吧。"

说金姐是老美国还一点不假。金姐的父亲年轻时从苏州从军抗日，在部队里当差十年后，官至团参谋长，肩上也已经有了两杠三花。民国三十七年底，他以家中双亲病重为由，辞去军职回家。他的上司骂他对党国不忠，但没有处罚他。民国三十八年春节刚过，他就带了太太并十岁的女儿和八岁的儿子移民美国去了。他认为国军打不过共军，这个是他的想法；另外就是他不愿意中国人自己打来打去，觉得实在没有什么意思。到了美国后，他以餐馆谋生，金姐就是在餐馆环境下长大的。后来金姐的父母年事高了，金姐就自己开了餐馆，等结了婚，有了子女之后，金姐觉得到美国公司做普通员工还不如做生意的收入高。金姐认为，到美国公司就职的人只有拿到一定职位的才值得，否则不如自己做。夫妻两个一商量，做餐馆一是熟悉了，二是中间有时间可以接送上下学的子女，反正夫婿有正职就可以了，一个有固定收入，健康保险；一个时间灵活，收入自由，俩人优缺点互补，相得益彰。

金姐对王晓萍说，“你有两个选择，要么你上收容所去，我知道大洛杉矶附近有个专收女难民的收容所，不要钱，可以住在那里，有洗澡等设施，还提供一些食物；要么，就是我们原来讲好的，到餐馆后面住公寓，虽然公寓有点破旧，但租金便宜，反正就睡个觉，你又没有学区问题。你看……”

王晓萍觉得自己需要自由空间，去收容所肯定会有许多不便。所以不等金姐讲完，就说：“我住公寓吧。上班近，否则要通勤，也挺麻烦的，不方便。”

就这样，王晓萍搬进了餐馆后面的柏文公寓，一间房加个厅。接下来，按金姐的提议就是办理离婚手续。王晓萍找到了郡政府里指派的律师，警察为了迪克孙和旅馆里发生的事件已经找过王晓萍，所以指派律师知道王晓萍的情况，免收律师费用。王晓萍律师帮她提了几条离婚的理由：

第一，被告骗婚，致使原告无家可归；

第二，被告有家暴行为，原告身体有伤痕可以证明；

第三，被告侵犯原告人身自由，原告的身份文件被被告强行褫夺；

第四，被告有性侵行为，在原告不情愿的情况下强行与其发生性关系；

第五，被告有奴役原告行为，原告的收入被强行夺走。

就凭以上几条，被告肯定会输这场官司。这还是民事官司，刑事官司由州政府出面应对。郡法官以被告有前科劣迹附议原告律师的呈状，下了判书：同意离婚。非但如此，根据原告是被骗到美国之事实，同意原告逗留美国期间的身份合法，且可以自由择业。

怀着感恩的心情，王晓萍在金姐店里做着全职企台，金姐也将以前截留的存款还给她。王晓萍对厨房里和厨房外的工作都已经相当熟悉了，这样的日子过了两年，王晓萍搬到了条件较好的公寓，自己也买了一部二手车。王晓萍还主动建议金姐应该拓宽外送业务，她买了一幅巨型的五英尺宽、七英尺长的本地地图。她将地图挂在厨房和外送员领单的地方，方便外送员事先了解外送地点的方位。另外，她还将跳票的支票拿去复印，包括电话号码，跳票人姓名，点过什么菜式等信息放在接外卖电话的地方，这样可以避免和减少死单、坏单。金姐对王晓萍的努力是赞许的，渐渐地，王晓萍成了除阿立之外的企台领班了。如果金姐有事不来，餐馆就由阿立和王晓萍负责。

时间到了1995年春节，金姐的生意十分兴旺，餐馆从进货、配菜、人员安排等等一应巨细多由王晓萍在帮助打理。金姐最近身体不好，过了元宵节之后，金姐把王晓萍单独叫到办公室，进门后随手将门关好。现在是早上十点半，餐馆里其实没有其他人。金姐的这个小动作让王晓萍心里觉得金姐今天有大事要谈。果然不出所料，金姐说:“我两个儿子已经结婚，餐馆做了几十年，现在想退休了。”

王晓萍说:“那你的餐馆怎么办?”

金姐说:“叫你早来就是想和你谈这件事。实话告诉你，我本来还可以再干几年，但是，最近查出乳腺癌，这些天一直觉得体力不支，原以为是年纪大了，却原来是身体不行了。我先生坚持要我把餐馆转让，回家休养。我不缺钱，我就想到你，与其转让给陌生人，不如转让给你。你愿意接吗?”

王晓萍不大确定自己的能力，小心地回答:“我是愿意，可是，我没有那么多钱啊。”

金姐说："我知道你的情况，当初帮你，就是觉得和你有缘。你说你是上海来的，我小时候也是在上海长大，到十岁才离开来美国的。至于钱，我不会多要的，非常公平的价钱，你又对餐馆熟悉，接收容易。你现在的存款不够，可以去马路对面的华人银行贷商业款，虽然有些利息，但是只要有生意，那个不是问题。如果你愿意，明天我们就去办手续。店里所有东西你是一清二楚的，全部移交给你。我本来是想盘给阿立的。他人不错，但是我看你不容易，下面路很长。还是先让给你吧。"

王晓萍激动得眼睛里闪着泪花，说道："我一辈子最要谢谢的人就是你，可以说是再生父母，没有你就没有我的今天。我怎么会不愿意？金姐，我愿意。"

很快，王晓萍就成了餐馆的老板。阿立对这个变化一开始有点吃惊，但当他知道金姐得了癌症之后，他倒是蛮能理解的。

王晓萍接手后直接将阿立提为店长，然后对菜式进行了一些修改，比如，以前中菜馆传统的芙蓉蛋被她取消了。她将春卷分成大春卷和小春卷，大春卷还叫 Egg roll，小春卷就叫 Spring Roll，以便让同样食品多样化。其次，菜单也做了调整，比如，王晓萍发觉外国人尤其是非裔顾客，喜欢吃甜脆食品，于是，除甜酸肉外，她增加了甜酸鸡、甜酸虾两个品种；接客方面，王晓萍决定，凡堂食客人送一份炸面干条，这样客人在等上菜的时候就不会觉得时间特别长，不过，王晓萍关照员工：面干一定要在顾客点菜完成之后才送上去，而且量不宜多，否则，对营业额有影响。她将外送的范围从方圆两英里扩大至方圆四英里。凡是两英里之内的外送，建议客人付百分之十五的消费小费，打入账单；凡是两英里之外，四英里之内的外送，建议客人付百分之十八小费。如果是长期客户，给百分之十的折扣。为此，她还叫懂电脑的华人为她写了个数据库程序，又让人用人工智能语言写了每天的餐单和每日特价餐点。这样电脑可以随机提供每周的菜单，并提供存货调控情况。在员工安排方面，王晓萍也尽量做到人人有钱赚，店里老不欺生，男不欺女，上下处成一家人一样。王晓萍本来想把店堂内部重新装修一番，改变传统中餐馆的红、金颜色，但是考虑到资金问题，她只将门面重新油漆成亮丽的颜色，招牌改用动态霓虹灯。因为她相信，动感霓虹灯比报纸广告或静态霓虹灯更能吸引当地客人。如此一来，生意大好，营业额犹如芝麻开花节节高。

在感恩节过后的礼拜六，可能是因为长周末的缘故，出城玩耍的人多，也或许是大家节日期间玩得太过了，都在睡懒觉？反正已经是上午十一点钟多了，王晓萍的饭店里只有一对夫妻前来就餐，外面的整条马路看起来十分清静。这时，一个壮实的黑人进来点了外卖：虾炒饭和两条大春卷。前台的小赵接了单后就告诉了厨房准备饭食，三四分钟后，外卖就做好了，厨房打了一声响铃，意思是菜好了，让小赵去拿单，这是餐馆的通行做法。小赵走入厨房，将炒饭和春卷打包好，另外将一份餐馆的广告用订书机订在外卖包装袋上，他正要给等外卖的客人送去，电话铃响起，王晓萍此时正好清点完存货，见小赵忙着接电话，就主动将那单炒饭外卖送去给客人。走到门厅，抬头一看，她瞬时僵住了，这不是迪克孙嘛！迪克孙正无所事事，坐着等候，听到走路声音由远而近，猜到自己的食物好了，于是也抬头向脚步声音方向望去，一眼也认出：这不是我的“老婆”嘛?!

王晓萍一慌张，将食物袋顺手就留在柜台上，抬脚就往厨房后门跑，一边跑一边叫小赵。“快，快，打 911，叫警察。”迪克孙也是先呆了一呆，而后拔腿就追。王晓萍以拼命的速度，跑出餐馆，仗着她对环境的熟悉，穿过别家店面，跑到另一条马路上了。迪克孙追出餐馆，发现王晓萍不知了去向，嘴里就骂出一连串的脏话，开始发泄他一连串的愤怒。他回过身来，一边走，一边将厨房内的一迭碗盆一个个往地上扔。炒锅、油锅和打杂等餐馆人员吓得早躲一边去了。迪克孙骂骂咧咧，然后拿起那包食物离去了。五分钟后，警察来了，了解了一下情况，见无人伤亡，也没发生抢钱之类的事就只做了记录，走了。

王晓萍不敢回店里，她迅速打电话给阿立，要阿立到店里帮忙。阿立告诉她，自己已经在去餐馆的路上了。这一天，王晓萍没有去上班，一日无事。一直到第二天早上，警察打电话给王晓萍，问她是否知道昨晚餐馆橱窗玻璃被砸破、门被涂鸦的事和人？王晓萍确实不知，也没有证据证明是谁干的。但是，她心里清楚，一定是迪克孙无意中发现自己做工的地方，新仇旧恨，想发泄了。她认为，她在这一点上是了解迪克孙的，迪克孙现在知道自己的上班地方，说不定哪天自己的生命会受到威胁。她请搞装修的师傅赶快来帮忙重新安装店面玻璃，店里的员工也帮着清洁饭馆的大门和街面。王晓萍自己心里思忖，应该卖掉餐馆到别的地方去。于是就打电话给阿立，阿立可能还没睡醒，语言模糊地问：“谁呀，什么事情?”

王晓萍把想卖餐馆给阿立的想法告诉阿立:“阿立,我想你是最合适的人了。你知道,自从金姐走后,餐馆的营业额都翻倍了。我还是原价卖给你,不赚钱,我都做了两年多近三年了,装修等费用不算,光是营业额就可将餐馆价钱翻倍,但是,我感谢你当初到后面帮我去找金姐,否则我也没有机会来这里当老板。原价卖你,可以接受吗?”

阿立听王晓萍说要把餐馆平价卖给他,心里当然高兴,但是他也担心餐馆现在成了被盯的目标了。王晓萍懂得阿立的心思,说道:“实际那个人你不用担心,我知道他。他是找我,你只要将店面外面重新油漆一下颜色,挂一块‘东主易人’(即 Ownership Changed),或是挂一块‘管理公司已换’(Under New Management)的招牌,保你没事。”

于是,两人达成协议。

离开了餐馆,王晓萍收入就有问题了。她接手餐馆时间不长,但是因为生意不错,两三年下来,除去还贷和其他开销,也赚了近六七十万美元。她决定搬到洛杉矶东南的新发展区奇诺市去,因为她想,如果搬到罗兰岗一带,迪克孙肯定会去找,因为那里是华人聚集地,而奇诺岗远一点,他可能不会想到的。自己的英文经过这几年的练习已经基本没有大问题了,一般日常事务完全可以应付。大家都讲,女人学语言比男人快,有道理的。

到了奇诺岗之后不久,王晓萍一日正好路过一个房地产建商新开发的楼盘,王晓萍想,与其租还不如买,她这辈子还没有住过自己的洋房。带着这种想法,王晓萍就到建商的样板房里向在场的房屋销售员打听房子的价位。房屋销售员立即帮她策划。那个销售员找出一个一楼平房,说小户型房十分适合像她这样的单身女性,王晓萍也觉得房型和价位都不错,自己的经济状况也不是问题,就买下一套三房两卫的独立房,喜悦的心情勿用赘言。

美国民居住宅的房型有多种:有像筒子楼或新工房一样的柏文(按照粤语发音翻译的 apartment 的意思,不具房产权),一般不打算长期定居某地或初来乍到某地的人都喜欢住这样的房子,因为租期相对较短;有共管公寓房(美国人叫 condo-condominium 之简写,按发音,有些华人称之为“共渡屋”,房产权按居住面积大小的百分比算)比较像英式的单元房(flat);也有连体别墅型的房子,连体别墅型中又可分双拼、三拼或四拼等形式,也有排式的别墅;如果想多一点私隐又不想花太多时间在房子打理上则可以买一种占地很小的都市房，也叫花园房，就是旧时沪上或天津卫可见到的小洋房；再进一步就是独立房，独立房四周不和邻家相连，一般有前后院和边院。如果再想要多一点土地的房子一般就要去郊外找，可能有农庄型那样的住房，比较大，但也有一般农民住的房子，虽然地大，但房子很简陋。有些美国人没有能力买房或者甚至没有能力租房，就会想法拉一个汽车房住，找一处能够接上水电的地方安顿下来，也算住家。如此看来，汽车、洋房王晓萍都有了，美国梦似乎实现了一大半。当时，王晓萍也是这样想的。她打算先找一份工，骑牛找马，先熟悉奇诺岗这个地方，慢慢熟悉后可以再开一家饭店，有了以前经营饭店的经验，她可以如法炮制，不会有错。王晓萍用现钞买下了房，添了几件家具，规划着自己的将来。她时常在社区内散步，望着满眼绿色，心情蛮舒畅的。王晓萍家的院子里除了草皮还种了一坛子菜，她的日子过得很安稳。搬入新房后不到两个礼拜，王晓萍在离家驱车四十分钟的地方找到了餐厅经理的工作。每周二休一天，其余日子都上班。

平静的日子过得很快，王晓萍在自己后院种的丝瓜小有收获。再过几日就是劳动节，劳动节过后，她可以休一天。她以前从电视里看过不少介绍加州的风光片，正好有这样的假日，心里有点想出外走走的欲念。王晓萍决定到离家不远的州立公园去玩一次，这么多年的餐馆工作给了她经济独立的能力，但是，生活也是挺单调的，现在有条件了，出去散散心也是挺好的。王晓萍在家吃过中午饭就驾车来到本市的州立公园。那里阳光灿烂，九月开始，游人比春夏季节要少，主要是天气变化和学校开学的原因。王晓萍将车停好，走进公园，随意地观赏起公园的风景，因为是第一次来，所以她想到处看看。看到路边有标牌说这里可以自搭营帐在公园过夜，王晓萍就沿着示意牌往前走，她想探个究竟，如果真是好去处，下次可以带同事或朋友一起过来玩。这里的地形是有坡度的，走着走着，王晓萍感觉热了，她脱了外套，继续沿着小径走向宿营地。宿营地周围没有参天大树，有的只是乱石岗上的丛生植物。此时，营地也没任何露营者，除了那些辅助野营者的设施，其他什么也没有。一眼望出去，秋日风光还是迷人的，王晓萍拿出相机拍了不少风景照，又将随身带的食物拿出来就地吃喝。

此时才下午三点多，时间还早，公园要晚七点才关门，所以她决定再往前走一段，多拍些照片。在众多的州立公园里，奇诺公园算不上漂亮，但是，这是离奇诺市最近的州立公园。春天时，这里的羽扇豆花开得比较多，远远望去，也有一种不一样的景致，有时，偶尔也可看到罂粟等野花。现在是初秋，能看到的大多是墨绿的颜色，不过，一山接一山的风光还是可以让人感受到自然的魅力。王晓萍想拍一组充满野性的山峦照。自然界有些风光十分旖旎，那是一种美，另外，自然界还有更多的野性之美，那就是没有被人工雕琢过的原始和粗犷，而王晓萍想要拍的就是这种自然的原态，那种充满野性的自然生态。王晓萍举起相机，调正焦距，突然她被人从背后抱住，然后被摔倒在路边的草丛里。王晓萍想看看发生了什么，还没等她反应过来，头上便被重物砸中，顿时有昏晕之感，她可以感觉有人在用拳头继续打她的面孔，王晓萍忍着疼痛想看看是谁，那个人戴着头套，她看不到他的脸，只能看到那两只眼睛。那人见王晓萍睁眼看他，就给了王晓萍一顿重拳，王晓萍便失去知觉了。

不知过了多久，公园的巡视员发现了赤裸躺在野地里的王晓萍，赶紧叫来警察。警察将王晓萍送进医院，王晓萍知道自己被人强奸了，但是，强奸她的人是谁？王晓萍不知道。王晓萍能够向警察描述的就是那人戴着头套，可能是黑人也可能是深肤色的拉美裔人？她实在搞不清楚。警察局的调查侦探问她强奸犯是一个人还是两个人？还是几个人？王晓萍也答不出，好像是一个人，她只能就仅有的回忆说。根据王晓萍的描述，警察无法马上破案，因为线索太少。王晓萍脸上都是淤青，无法上班，只好打电话给老板，告诉他自己突发疾病，不能履职。她不想让更多的人知道自己的不幸。王晓萍在家里足足休息了个把月，才觉得自己有了生机。这些天，她根本没有去后院，现在院子里的丝瓜已经长成丝瓜筋了。王晓萍照照镜子中的自己，原来有点变圆的脸一下又变回自己落难时候的样子了，不仅消瘦而且有点憔悴。王晓萍脸上的淤青倒是退下去了不少，但是要完全复原还需要一点时间。王晓萍想到自己的人生刚刚走上顺道，一下子莫名其妙地被重新打入了地狱。那个人到底是谁？

过了一段日子，王晓萍觉得有点想吐，她马上想，会不会怀孕了？她去街面拐角上的CVS[①] 药店买了孕辰试剂测试尿液，真的就是最坏的结

① CVS是美国著名的连锁药店，内部配有药剂师，除配药外，专卖卫生医疗保健产品，顺带也卖各种日常用品。

果。王晓萍心里殟塞死了，她大哭起来。她决定赶快找医生做掉她（他），要是胎儿大了就麻烦了。她只能找私人的诊所，因为她没有健康保险。手术之后，医生问她，胎儿的父亲是谁，有无其他病史。她讲不出，只好将实情告诉医生，医生重重地叹了一口气，告诉王晓萍，她的 HIV① 测试呈阳性。这一消息无疑是晴天霹雳，王晓萍走出诊所，站在雨中的停车场上大哭，雨水和着泪水从她的脸颊上流下。没有人陪伴她，没有人安慰她，除了天地日月、狂风暴雨……

王晓萍不知道自己是如何回到家里的。先贤冯梦龙叹曰：屋漏偏逢连夜雨，船迟又遇打头风。就在王晓萍为自己被传染上艾滋病而苦恼和悲哀的当口，远在上海的阿妹打来了长途电话。王晓萍接电话时一听是自己妹妹，心里就有不祥的预感，因为一般情况下，家里是不会花钱打国际长途给她的。果然，阿妹告诉她，母亲大人过世了。原来，王晓萍的父亲王德福在王晓萍赴美的当年就已经过世。那时，王晓萍得到父亲过世的消息之后无法赴丧，一是回去了之后，担心再无法回美；二是护照不在自己手里；三是当时连生存都有问题，实在没有能力购买回国的机票，诸多原因加起来，王晓萍成了“不孝”之女。为此，王晓萍常常自责。现在母亲大人过世，她是无论如何要回去见她妈最后一面的。可惜，阿妹告诉她，为了不影响她，她妈的尸体已经火葬。

整整一个礼拜，王晓萍都心情忧郁。她哭过好几次，每次哭到自感腹饥时也不愿意做饭，而是将就着用干点和饮料填饱肚子。两件大事的发生，促使王晓萍开始用心考虑自己的未来。她渐渐生出归意：自己还年轻，如果在美国混，生活尚可，但是艾滋病的治疗费用惊人。因为当初她以为自己年轻，最多只会遇到感冒之类的小病，所以没有买健康保险。现在想买，恐是没有保险公司愿意卖给自己。长久下去，存款全部用在治疗上还不够；如果现在回去，中国政府对艾滋病治疗蛮重视，治疗手段一定不会比美国差，而且，幸好自己没有去申请美国国籍，回去还可以复活户口。那里生活费相对低，如果将房子卖掉，所有财产加起来，王晓萍应该有 500 万左右人民币的资产（按当时 1∶8＋的汇率），就是吃利息也够生活了。她想，父母过世，自己是长女，现在自己要担负起家庭的责任，为了

① HIV 是英文 Human Immunodeficiency Virus 的缩写，意思免疫力缺失病毒症。

弟妹和自己的未来，只有一搏，反正自己在美国没有任何的牵挂。这样一想，王晓萍就从电话簿里找了个华人地产经纪马瑞秋（实际是英文名Rachel的音译，她的中文名字不清楚），要她帮自己查查本小区房子的市场价，如果要卖，自己的房子能以多少价位出手，售房费用多少等信息。马小姐也是从上海来美的，做地产两三年，因为会热络客户，而且加州房价普遍高于其他周边的州，生意做得不错。最终房子成交价还让王晓萍赚了几万美金。王晓萍在售房期间把自己的家具和车都卖掉了。现在她没有什么其他要做的了，她对美国没有什么可以留恋的了。

公元1998年底，王晓萍带着艾滋病和心灵的创伤乘东方航空班机回到了自己的家乡。

# 12

汤姆之所以托吴国斌注意一下有没有人有房子要出手完全是因为他对那里的环境非常熟悉，是一种怀旧之情。按他的话，“现在手头有点小钱”，想在那儿买一套三居室的房子，反正有吴国斌在，管理上也比较方便。

回想十几年前，汤姆只身去南方创业的往事，汤姆时常感叹不已，那是吴国斌赴美之后……

驶往广州的火车时速只有六七十公里，从上海到广州的一千七百八十公里路需要差不多一天一夜的时间。到了广州之后怎么办？汤姆不知道，从地图上看，广州到深圳的距离大概是一百四十多公里。汤姆相信“车到山前必有路”，现在他只想欣赏一下武汉的长江大桥。南京长江大桥汤姆到过，武汉长江大桥他只是听说过，所以非常想看看。汤姆想，最能够看得清大桥的地方应该是在餐车。车厢里人多，闹哄哄的，不好玩。这样一想，他就向餐车走去。客运火车的餐车一般设在中间靠前的一节车厢里。汤姆点了一客饭菜，等待过武汉长江大桥，他知道不叫点吃的是没有办法坐在餐车里的。汤姆才刚刚开吃，过来一位中年人，在汤姆对面坐下，那人叫了小炒，一碗汤面和一瓶啤酒。饭吃得差不多的时候火车过江了，汤姆边朝窗外看，心里边想，如果我将来有机会，一定去黄鹤楼看看。看着，想着，大桥的影像在汤姆的眼里快速地掠过。汤姆收回目光和思绪，将剩余的菜饭吃光，他不着急回自己的座位，因为那里是个硬座，而餐车的座位是套着白色椅套的软座，铁定比硬座舒服享受。坐在汤姆对面那个中年男子，他那国字脸上的胡子好像有两三天没有刮了，这让他显出一种粗犷的男性美，这个人看上去有点派头，他一手拿了个黑色小包，另一手还拿着一部像砖头一样大的大哥大。汤姆想，肯定是做生意的。

那人吃饱喝足后就起身离开，此时，他的大哥大响了——有人打电话给他。可能为了拿电话顺手，他换了手拿大哥大，这样，无意就把那个黑色小包忘记在餐桌上了。那人边打电话边离开，汤姆看到后连忙喊住那个已经离桌的男子："哎，师傅，你的包忘了！喂，你包忘了。"

那个中年男子听到叫声，回头看到自己的包，赶紧回来，边拿起包边对汤姆说："谢谢啊，谢谢。走急了点。"

汤姆连说："没事，没事。"

那个人走了两步，又折回来，从包里拿出一张名片，问汤姆："你去哪里?"

汤姆说："我先到广州，再去深圳。"

中年男人自我介绍道："我叫向建国，这是我名片，"说完递过他的名片，加了一句道，"到了深圳，有事可以来找我。"

汤姆听那人的口音像是北京的，看看名片，上面印着"京深国际贸易公司(集团)"，副总。看来他在深圳已经立足了，汤姆这样想，嘴里就尊敬地回道："向总，一定，一定。"

向总说："那我先回前面去了。"他指软卧包厢。

汤姆点头，汤姆懂他的意思。

这趟南下，汤姆将自己所有积蓄都带在身上了。俗话讲，穷家富路。出门多带点钞票好，他不想有"一分钱气死英雄汉"的故事发生。到了广州，汤姆找了家小旅馆，打听了好玩的地方，瞎转了一天，却老是感觉身上好像有种说不清道不白的压力催他快点去深圳。如此，汤姆就去了长途车站，两个多钟头后，汤姆到了目的地深圳。

到了深圳后，汤姆发现深圳已经建起了很多在上海没有看到过的高楼。通往机场的马路十分宽畅，两边绿荫逐渐成形，与上海通往虹桥机场的马路相比，前者更显得有大城市的范儿。汤姆为了找到既安全又经济的住宿打听了好几处地方，最后问到一家比较实惠又看起来干净的旅店，暂且落脚。他的第二步是寻找方向，汤姆想先找到一个工作再说，可是在上世纪80年代的时候，你要盲目地寻找到一个像样的工作不那么容易，因为你不知道雇主在哪里。足足折腾了一个礼拜，汤姆还是没找到称心如意的工作。一天，他在一家食肆吃面的时候，听说东莞工作机会多，于是决定退房到东莞去看看。

即使到了东莞，汤姆还是有点懵，不知道干什么好。第一产业他肯定不行；第二产业似乎能做，可他能适应吗？他问自己；想来想去好像只有第三产业适合自己。他告诉自己，即便做服务业也要发挥自己的特长：要找外国人扎堆的地方。汤姆冥思苦想，决定先去弄张名片，当下最流行的经商工具之一就是名片加大哥大。汤姆玩不起大哥大，印张名片是必须的。第二步就是熟悉周遭环境，像印刷厂、医院、出租车司机、饭店、小商小贩、酒店、娱乐场所还有机场等等……汤姆拟定了自己的服务范围，他把这些印在名片的背面，乍一看，有点像回事了：

本公司提供以下服务：
中文广告·名片翻译制作
机场接送·酒店安排
本地旅游·资料文件翻译·会议口译服务
代购服务·免费送货上门

名片的正面用英文印着：东莞外国人服务社，汤姆自任总经理。

汤姆开始寻觅服务对象。最初的目标是住在星级宾馆里的外国人。为了及时得到新来的外国人的信息，汤姆无意中学起了市场营销，他专攻一些酒店的经理，打探新来东莞的外国人消息。一来而去，也抓到几单生意。有了收入，信心也跟着来了，汤姆经常出入饭店宾馆、舞厅酒肆等高档消费场所，为这些外来客们提供生活上的便利，他的收入靠着这些专项服务渐渐稳定下来。这时，他想起了吴秀华，于是就打电话告诉吴秀华，东莞的日子不比上海差，希望吴秀华快点来。

吴秀华不放心地问："你讲的是真的吗？不要骗我哦。"

汤姆不快地反问："我骗你干嘛？现在是要抢时间，懂否？时间就是金钱，效率就是生命！你听说过吗？广告上到处都这样说。现在什么时候了？'不管白猫黑猫，捉到老鼠就是好猫'！你不要后悔哦。"

吴秀华在电话里沉默了半分多钟："那……么，我，下礼拜就来，我先去留职停薪。"

汤姆现在对深圳、东莞已经有点熟悉了。照他的话是"天天跑外勤"。

所以，他接到吴秀华之后就先带她到深圳酒店吃了一顿大餐，这给吴秀华的第一印象是：汤姆混得不错。傍晚，吴秀华跟着汤姆来到汤姆住的地方，吴秀华看到室内除去一只三人沙发，没有其他家具，就讽刺道："哎哟，你要我千里迢迢到你这儿来，原来你是家徒四壁啊。"

汤姆笑着借用电影里的台词反击道："你这个小同志，不要横挑鼻子竖挑眼。中国革命才刚刚开始，万里长征才走完第一步。我们现在还处在游击战时期，等解放战争开始，我们会鸟枪换炮的。"

吴秀华笑道，"那是公元什么时候？"

汤姆仍然油腔滑调地说："快了快了！面包会有的，牛奶也会有的。听说过吗，中国革命要分两步走，急不得。"

吴秀华又发愁，问汤姆："那我今晚睡那儿呀？"

汤姆嘿嘿一笑："最好和我住在一起"，看到吴秀华有点愠怒，马上改口，"你睡里面，我睡客厅，可以吗？"

吴秀华在汤姆帮助下很快找到了一份会计出纳工作。于是，她要汤姆替她找一间离公司近一点的宿舍。汤姆说，"小换大，可以，你负责买汏烧，我负责付房租，两室一厅，你满意吗？大家实惠。比你自己一个人住要安全，省钱。"

吴秀华想想也有道理，就点头同意了。

汤姆现在的生意比以前好了，他不但雇了一个全职帮手，另外还雇了个钟点工，并且在闹区租了小门面。有时候忙起来，比如，陪外国人逛深圳或者有急件要翻译等等，或者有时候，顾不上帮客人买东西，这时汤姆的帮手就能替他分忧了。他把不重要的送递工作交给钟点工去做。经过一段时间，他的收入渐丰，他和吴秀华的关系也有了重大进展，至少有一次，他亲了吴秀华。虽然吴秀华坚决不肯让汤姆上床，但是，拥抱和亲吻已经常态化了。吴秀华意思是同房必须在正式婚礼举办之后才可以。汤姆想，再赚一点，别说办婚礼，就是出国去旅游的钱也足够了。终于，吴秀华征得父母同意，决定和汤姆一起回上海去举办婚礼了。热热闹闹的婚礼之后，两个人成双成对地回到了东莞。生意要紧，他们在上海一刻没有多逗留。

一天，汤姆去凯悦酒店给一个日本人送一剂中药，在大堂看到一个穿西装的中国人正和一个穿戴整齐的中东人比划手势，他多看了一眼。

“噫，这个不是火车上碰到的……叫啥，叫啥”，他一时想不起来，就又朝这个中年人看去。那个中年人也正好看见汤姆在看自己，同时也认出了汤姆：“哎，兄弟，怎么你在这儿呢？”他问。转头，对那个中东人连说两句sorry（抱歉）。

汤姆想起来了：“向总，您怎么在这里呢？”

向建国说：“不好意思，我正和这个老外谈事儿呢，翻译还没到，我说的他听不懂，他说的我听不懂，正比划呢。”

汤姆主动说：“向总，那我帮你当翻译吧。”

向建国惊喜地问：“你会外语？”

汤姆说：“我在上海时就是翻译。我学外语的。”

向建国说：“那太好了！兄弟，您叫啥名？上次还忘了问您呢。”

汤姆说：“我姓支，支援的支，名同鑫，叫我汤姆吧，容易些。”

“哦，汤姆，那就坐下吧，我那翻译小姐不知怎么还没到……可能有事。”向总对汤姆说。

于是，汤姆就为京深贸易公司的向总当起了翻译。才翻了五分钟，那个女翻译满头是汗进来了：“不好意思，向总，堵车过不来。”

向总对那个女翻译说：“没关系，正好我一朋友懂英语。”他朝汤姆望一眼，继续说道：“你先坐着歇会儿吧，看你满头大汗的。”等送走客人后，快到饭点了，向总对汤姆说：“这样，您也别走了。我们一起吃个饭，正好还有几个熟人要来，就多一双筷子。”同时，他支走了那位女翻译。

到了饭厅包间后，陆续来了四个人。向总给几个人介绍汤姆：“这是我一个小兄弟汤姆。英文巨好。你们大家认识一下，以后有事可以互相关照。”

大家都点头交换了名片，其中一个穿西装、梳着分头、看上去五十来岁的人，看了汤姆的名片就有点惊讶地说：“哎，那么巧。我也姓支啊，一笔写不出两个支。我们是本家吧。请问，您府上哪里人氏？”

汤姆回答：“我也不清楚，反正我爷爷那辈是安徽人，我父亲在上海，我也是在上海出生长大的。”

那个姓支的中年人学着大陆人的腔调说：“哦，那你可能是周公之后。我是福建姓支的一支后裔来着。”

向建国就说：“你不告诉我，你姓施？”

那个中年人说："'支'有两种读法，一种读支，一种读施，我们家里都读施。"

向建国开起玩笑："我起初还以为你是施琅之后呢！"

众人大笑。

汤姆说："我也听说，但是用惯了。而且，大家叫我汤姆，很少人叫我真姓名。"

旁边有个戴眼镜的年轻人就建议："那你们应该碰一杯。"

果真，那个中年人给自己杯里倒满啤酒，向汤姆敬酒。汤姆连忙站起身回敬。

饭后，向总拿出一张一百元的钞票给汤姆："这是您的劳务费。别嫌少啊。"

汤姆坚决不受，说："我混得还可以，朋友见面高兴。别见外。"

向总说："那好，以后有机会再说。您在东莞一个人？"

汤姆说，"我老婆来了。"

"干什么呢？"

"她在一家公司给人当会计呢，轻松。"汤姆如实告知。

"好，那我们多联系。我待会儿公司还有事儿，不留您了。"向总说着要离去。

汤姆说，"向总，你忙你的。我也回公司去。"

吴秀华和汤姆两个人在东莞稳定下来就在深圳买了房，自己又花了15万左右装修，加上家具电器等，总共花了近50万元。吴秀华觉得现在生活走上正轨了，就应该要个小孩，汤姆当然没有异议。不久一天，汤姆接到一通电话，是那个在饭局上认识的本家支毓雄打来的，他请汤姆晚上到王子宾馆吃饭，不见不散。因为有过一面之交，汤姆对他印象不错。支毓雄请汤姆吃了一顿丰盛的广东菜，席间介绍自己有一单大生意，只要汤姆入股十万，一定有百分之四十以上的回报率。汤姆问是什么生意，施先生告诉汤姆，那是一宗服装生意，就是倒卖牛仔裤、牛仔衣之类的，转转手就赚钱，不需要汤姆自己亲自操劳。汤姆说要太太首肯才行。支先生说，没关系，他把汤姆带到按摩房，让按摩师安排捏脚的技师，完了，让汤姆跟小姐上楼。汤姆知道什么意思，推说和太太约好不可以太晚回家，就和那个本家道别了。

汤姆跟吴秀华商量后，认为支先生的所提的那个投资项目可以做，况且，他们上次有过一面之缘，汤姆认为支先生是可以信任的。

过了三个多礼拜，支先生又来电话请汤姆喝洋茶。到了茶馆，支先生拿出一个小包，告诉汤姆里面有15万整，汤姆的投资回报率有百分之一百五十。汤姆高兴地连声道谢，汤姆认为支先生就是自己的贵人。

大约过了有小半年时间，支先生又找到汤姆，告诉他又有一单大生意。汤姆问："是什么生意？"

支先生说是VCD机，清一色松下牌子。汤姆问："需要投资多少？"施先生说，电子产品价高，但是回报好。总共需要投资300万，汤姆出100万，他拿100万，另外一个合伙人出100万。汤姆说"要和太太商量"，支先生催道："需要快一点决定，否则机会就没了。"

因为有过上次的经验，汤姆决定投入。可是，汤姆和吴秀华的全部家当加在一起统共才100万左右，如果投入，那等于是汤姆的全部资产了。汤姆用了整整一天将钞票调集归整，然后开了银行本票外加一部分现钞用一只小包装好，交给施先生，他问怎么能证明他交给支先生100万呢？支先生说很简单，他写了一张收据，兹收到汤姆100万，用于投资生意，货出清后，本利归还汤姆云云。汤姆便不疑有假。

过了个把月，汤姆打电话给支先生想询问生意的进展，可是支先生的电话无人接听。汤姆一下子汗就流下来了。他开着摩托车去找支先生，支先生的住处已经是铁将军把门，人早已无影无踪了。汤姆懊悔不迭。实在没有办法了，他想到了向建国，支先生不是向建国的朋友吗？

那天一早，向建国刚刚到办公室，办公室小姐告诉他，有个叫汤姆的人打来好几次电话了。向建国不晓得汤姆找他什么事。正在此时，汤姆又来电话了，他将事情原原本本告诉向建国，问他是否知道支先生的下落或者其他联系方式。

向总说："支先生是我一朋友介绍来的。只见过两次面。我帮您问问。汤姆，现在这样，我看你人不错，要不您就到我这里上班，我们中东地区缺个销售经理，您懂外语，也在商海历练了一阵了。我们北美和东南亚都已经有人了，中东地区前景很好，如果您愿意，把您的小店收了，过来干点大的。(您)先和那个萨伊(Sayi)先生联系一下，就是上次您见过的那个中东人。"

汤姆答应了。向总又说,“你太太不是在做会计吗?我们会计也需要人,让她和您一块过来吧,提薪百分之十。您看如何?”

就这样,汤姆和吴秀华都成了京深国际贸易公司的员工。

向建国的用意是让汤姆在公司里赚点钱以弥补他的损失。向建国一天在办公室对汤姆说:“也有其他人在找支先生。他对人自称是台湾的,但是他的口音有点像香港人。现在他在深圳和东莞失踪了,没人知道他人在哪儿。”

此时,吴秀华怀孕了。尽管她和汤姆的这次投资失败,她一直抱怨汤姆太轻信别人,但是她想到第一次生意是成功的,而且这次的决定自己也没有反对,她自己也有错。好在有工作,生活没有问题,而且,还好前一阵买了房子,现在房价涨了,算是“堤外损失堤内补”吧。吴秀华怀孕九个月的时候,汤姆就让吴秀华回去上海生产,一来上海的医疗技术汤姆比较信得过,二来吴秀华的父母可以替他照顾沙母娘[①],汤姆的工作时常要出差去中东地区,也无法照顾吴秀华。

大约有半年多时间,汤姆一直奔走于伊拉克、伊朗和沙特等中东国家。在这三个国家,汤姆安排了三个销售代表。经过一段时间,中东地区的营销工作基本布局完毕,但是,汤姆对自己损失的那100万元还没有办法完全释怀。他一直想自己做老板,他来京深公司上班后发现,公司背景强大,如果要升到高位机会不大,但是,原地踏步地继续在京深公司做事,他是不可能变成老板的。而要做老板最要紧的是手里要有启动资金。他感觉只有发笔横财才有自己创业机会,而目前唯一能够合法赚到大钱的可能只有炒股,如此一想,汤姆去交易所开了户头。那个时候,股票交易所里分大户小户。大户和小户的资讯说起来一样,实际并不一样,大户一般消息来源多且快,当然这并不是交易所提供的信息有失公允,而是那些大户本身有自己的圈子和人脉。汤姆是属于小户一类的客户,况且,他还要上班,便不可能天天去交易所。他看到和听说有些人每天的炒股收入不比上班差,汤姆就动心了。他算算自己现在手上有20多万了,如果天天上班,没有办法全身心投入炒股,这样必定赚得少。要发财就要冒险,于是他决定再冒一次险:下海炒股。他辞去了在京深公司的工作,开始天

① 沙母娘:江浙一带对坐月子妇女的称呼。

天去交易所上班，分析新闻，分析K线走向，分析那些上市公司产品和销售情况等等，几个月下来，汤姆好像也赚了一些钞票。一天，汤姆在交易所门外的饭馆吃中饭，碰到一个带有浓重沪语口音的人，汤姆觉得有点亲切感，就搭讪："你是上海来的？"

对方回说："是啊，侬啥事体？"

汤姆说，"我也是上海来的。我经常看到你在交易所进进出出，一定是大户吧。有没有什么好股可以介绍？"

那个人说："我是工作人员，不可以向客人介绍股票的。你要自己做功课的。股市风险大，入市要小心。"

汤姆听说他是交易所的工作人员，就殷勤地邀请："我叫是支同鑫，要有空，请你吃个饭。"

那个人婉谢道"不客气"。想想好像又不愿意驳其面子，缓缓口气："你来此地炒股多少久了？"

汤姆说："三个多月了。小户。感觉输输赢赢，小打小闹，没有啥劲。想进大户室，资金又不够，没有啥大花头。"

那个人端详了一下汤姆，问："你原来在上海时是做什么的？"

"我以前做翻译。来深圳后，就做点小生意，后来到京深公司做销售经理，现在辞职专门炒股。"

那个人说："你在京深公司做过？不是蛮好嘛，为啥辞职？"

汤姆老实地说："原来想法就是想赚点钞票自己开公司，看来不大容易。我老板本来还不肯放我走呢。"

那个人问："你认得京深的向建国吗？"

汤姆马上说："认得认得，他是我老板，也算我恩人。"

那个人"哦"了一声："向总是我好朋友。既然这样，我介绍个人给你，你跟他炒炒看。"

那人就将汤姆带到大户室，看到一个戴眼镜的人，向他介绍道，"这是陈博士，专家大师级炒股大伽，北大博士，炒股炒得很不错。"又转头对陈卫君，就是那个博士说："这是我老乡支同鑫，想到大户跟你学学。你有空带带他。我想办法让他进大户室。"

汤姆十分感激。陈卫君伸出手和汤姆握了握："无所谓带，炒股有时还是要靠运道，技术分析不是全部。"

交易所是一栋五层的大楼，外墙面为淡黄颜色。这楼建的时间早，设计上没有什么特点，看起来像一只大盒子。办公楼的顶层是交易所管理人员的办公地，四楼是大户室，三楼为中户占用，小户在二楼，一楼是接待处、大厅和散户炒股的地方。所以，能上四楼炒股说明你实力足够。散户们看到你去四楼时常会怀着钦佩的眼光看你，甚至会编出各种不同的段子演绎某大户的成功。

汤姆自从进了大户室，果然比以前对股票交易的理解进了一步。一天闲聊，陈卫君说："现在真正要赚钱，光炒股没用，一定要炒期货。炒期货才能四两拨千斤，以小博大。"

汤姆马上问："怎么炒？哪个产品比较好？"

陈卫君说："现在确实有个包赚不赔的产品。"

汤姆急切地期待陈卫君讲下去。

陈卫君说："不过，产品再好，没有量也就是赚个吃饭钱。量大才有用。有个老外不是讲嘛'quantity matters'。"

汤姆是懂外文的，当然听得懂，心里就记住了，量大才有用。但是，他还是想知道产品的名称，于是就求问陈卫君："陈博士，你说的产品叫什么？有没有代码？"

陈卫君停了停，眼睛里带着一点同情，好像说："今天做个好人成全你吧。"他望望四下，神秘地轻声道，"国库券。"

"哦。"汤姆眼睛亮了一下。

陈卫君继续道："你想，国库券是国家发行的产品，肯定不会亏的。国家不可能拿自己的信誉开玩笑。所以，现在像'中金贸'(中国金融贸易公司)那样的投资公司都在投国库券。国库券就是国家写的欠条，从 1987 年到 1992 年行情不是很好。1993 年，百元国库券市价只有 92.00 元，5 年期面值 100 元的国库券市场上只值 83.00 元。但是，去年开始不一样了，去年 7 月 10 日国家开始给国库券保值补贴和利息补贴。所以，现在买绝对不亏。我朋友在'中金贸'上班，消息一定没错。你想，他们资金多雄厚啊。他们是一级市场，我们是二级市场，二级市场肯定要跟一级市场走。如果现在进去，明年国库券到期一定大丰收。"

按照陈卫君的指点，汤姆买了不少国库券的期货，到八月时，忽然一天股市跳空高开，国库券期货上涨。汤姆心里激动起来，对啊，到底是学经济的高手！又有北京来的消息，还会有错吗？可是，就像陈卫君讲的，投入不多的话，到手的利润还是少。现在最要紧的就是解决资金问题。投入越多赚得越多！可是，到什么地方去弄钞票呢？现在吴秀华在上海，汤姆没有人可以商量，不过，即便是吴秀华现在在深圳，她肯定也不会同意汤姆现时的想法的。汤姆为了弄到更多的资金，想来想去，竟至于夜里睡不着觉。忽然，有一天睡在床上时，灵光一闪，对了，我不是有房子吗？我可以抵押房子，最多一年……现在6月，到明年6月，用不着等6月，明年三四月就可以了，我就可以用赚到的钱把房子赎回来。想到此地，汤姆一早五点就起床了，开始盘算资金，准备大干一场。

按规定，买期货要有保证金，不过，其时中国的金融市场漏洞很多。保证金只需付百分之二点五就可以下单。

1995年的春节是在1月底，过了元宵节之后，汤姆从上海回到了深圳继续他的股民生活。一日在大户室，陈卫君对汤姆说，“最近听说有人在做空国库券，情势有点紧张。不过，我还是坚信做多，如果做空能够成功，国家以后就不用发行国库券了。哪有买国债还亏本的道理？又没有发生世界大战！”

汤姆问：“如果有第三方插手呢？”

陈卫君胸有成竹地说：“放心，‘中金贸’后面有人。我是有信心的。当然，我们不能掉以轻心，一定要盯住！”

3月23日一早，陈卫君就到了交易所，神情有点紧张。10点15分时，交易开始，跳空高开，国库券的人民币市价是149.40元。到中午时分，大户室已经聚集了不少人，都在议论，国库券价格还在升高，陈卫君此时说话的中气比以往足，声音也大了，他要一个年轻人去买盒饭，嘱咐说：“每人一盒，我请客。”

众人都鼓掌叫好。

下午，国库券价位到了151.98时，陈卫君兴奋地说，“还有十来分钟交易结束，今天我请大家吃海鲜大餐。明天我要带我太太和女儿去希腊旅游！”他看起来一副胜券在握的样子。

站在后排一直关注行情变化的老樊提醒陈卫君：“陈博士，听说‘大国证券’在做空哎！我刚接到朋友电话，说他们正在抛空……”

陈卫君不屑一顾地说，“老樊，听我的。”他知道“大国证券”的老板是学外语的，能够从事这一行当完全是因为当时中国金融行业人才缺乏的缘故，所以，他继续说，“你认为一个学法语的人也能玩金融吗？这又不是在塞纳河边谈恋爱。”陈卫君言下之意是金融的操作并不浪漫。

大家哄笑。

到了下午，离当日交易结束还差八分多钟的时候，详细点，就是下午16点22分13秒开始，国库券的价格开始像雪崩一样直线下行。陈卫君大惊失色，爆仓，爆仓！国库券价位从151.30元一路掉到147.90元，最后停在147.50元。陈卫君大叫一声“完了，完了”，便大哭起来。大户室内所有的人都呆立在那里了！陈卫君说过，他至少帮三十来个亲朋好友买了国库券期货，估计有上亿资金的投入。汤姆也打听过陈卫君有多少本金投入，但是无人知道，光知道他有几十个账号。想想本来可以赚到的钞票，在短短八分钟之内，变得血本无归，一贫如洗，而且极有可能还欠债，这无异于是场血腥屠杀啊！汤姆感觉五雷轰顶，目瞪口呆，这种大败的结果他实在不能够接受。忽然，他觉得肚子一阵痉挛，他痛苦地蹲在地上，然后躺倒在地。现在他不仅全部资产没了，而且还包括他的房子了！他还不知道怎么跟吴秀华交代此事。汤姆抽搐着，好心的小周就叫喊道：“快叫救护车去，汤姆不行了。”就在此时此刻，又有人在大声叫喊，“陈博士，你不可以这样！”“你不要这样！”那个叫声还没有结束，就听窗户那边砰砰有声，然后听到楼底有一声巨响，好几个人都在歇斯底里地哭叫：“陈卫君跳楼了！”“陈博士跳楼啦！”有人把汤姆抬出去了，然后他就被救护车送进医院。交易所后面发生的事汤姆就不知道了。

等汤姆感觉稍好的时候，他听医生对他说，“没有大碍，就是过度紧张和过度恐慌引起的神经痉挛。”医生给汤姆打了滴液，吃了药，并让汤姆留在医院观察一晚。汤姆则一直在呻吟，“完了，完了。我完了，我要死了。我不该啊，我有小囡啊。我有老婆啊。我房子没了……”反正反反复复地絮叨。有个护士问其他护士，这个病人怎么那么奇怪，有人告诉她说，这是从证交所送来的，大家好像若有所悟，议论说，就是心太贪了，迟早的事儿。

汤姆觉得自己十分累。这种累法他过去从没体验过，是一种心累和体累的综合。汤姆不知道什么时候睡着了。他开始做噩梦，好像自己飞起来了，然后看到山，自己以为可以飞过去，但是“砰”一声撞到山上去了，然后掉入很深的山壑，山下面全是火焰和各种从没见到过的猛兽。汤姆就问自己：“火里面怎么会有活的野兽啊？会吃掉我吗？”可是他一直往下掉……突然，山壑变成了臭烘烘的垃圾堆……有狗咬他，他开始躲闪，躲闪不及，被狗咬到，他开始大叫大喊，手脚并用……恐惧，惊慌，无助……隐隐约约他听到有人在讲话：“这人怎么乱喊乱叫啊，怎么睡到地板上来了。”

他感觉有人将自己抬起来，后面的情形他忘记了。

到半夜时，汤姆醒了，看看自己是在医院病房里，就想起自己原是倒在证交所地板上的。现在他感到肚子饿了，就起床到走廊去找护士。值班的护士说没有饭了，先吃点水果和酸奶吧。到了天亮的时候，汤姆完全清醒了。他决定回上海去！深圳是伤心之地！他不想再继续留在深圳了。他要求医生放他出院，医生替他量了体温说：“昨天夜里你还发烧，恢复得挺快呀。可以出院了。”汤姆办好出院手续，向医院外走去。走到医院大厅时看到悬在墙角的电视机正在播报新闻，本来他没有注意，但是听到有一句“上交所所有国库券期货交易违规无效，最后收盘价为151.30元”时，汤姆站在那里足足僵了一分钟，随后扑通跪在地上，带着哭腔喊道：“陈博士，你死得太冤了啊！”转而疯狂地大叫：“我赢啦！我赢啦！”他踉踉跄跄起身向昨晚收治他的医生办公室奔去，一路跑一路喊，“我赢啦，我赢啦！”周围的人都莫名其妙，以为碰到了一个疯子。

汤姆在国库券期货交易中完成了他人生第一桶金的资本积累。

# 13

吴国斌带着感情的伤痕回国。上了飞机后，他坐在临窗的位子上，望着机场上忙碌起降的飞机，心里一阵酸楚。他想，或许这辈子就再也不会与汪颖见面了。想到此，眼眶不禁有些湿润。皇甫医生在他临走时讲过的话他还记得，“伤害你的人往往是你所钟爱的人”。不是吗，子女对父母的不孝顺，妻子对丈夫的不忠贞（反之亦然），都是人世间最让人痛彻心扉之事。种种往事涌入吴国斌的脑中，他想，当初为什么要来美国？为什么要离开自己的故土？这一切，难道不是有点命运弄人的感觉吗？

飞机起飞了，吴国斌舒了口气，闭上了眼睛。他开始规划回国后需要完成的事项。当时很多人以为，从美国回来的人一定腰缠万贯，但是，吴国斌是去留学的，除了文凭和积存下来的一万多美元，他别无其他资产。要靠这点资金发展事业，似乎可以，更多可能是不够，不是小不够，是大不够。想想打通各种场面上的事情需要多少钱？他自己心里都没有数。开销是多样的，就说市场营销，不要以为帮客人买杯咖啡，或和客人喝一次茶是浪费，其实不然，从这些小的作为里，可以让双方有沟通的通道，在互不相识的时候，这就尤为重要了。一万多美元大约等于十万人民币，回到上海后，他就只能在家附近租了一间十分窄小的房间做自己的办公室。这对事业刚起步的吴国斌是有帮助的，至少他可以中午回家吃饭。那个地产中介刚开始以为吴国斌是美国回来的，一定会讲场面，替他介绍了淮海路、思南路等高级处所，后来才知道他是酸穷秀才一个。

吴国斌懂得时下经商之人相互介绍时，都学东南亚人那样，谦卑地双手递过自己的名片，以示尊敬，但名片上抬头是暗示对方要对你尊敬和信任，名片上印制的头衔往往不是董事长就是总经理，至少也是主任什么的，先吓住对方。吴国斌想，自己的公司只有自己一个人，难道也印上总经理的头衔？想来想去，没有想出更好的主意，于是就印个洋学校的学位，吴国斌想，这样人家搞不清公司大小和他职务的高低，反正主要是承接业务，专业比较重要，最重要的是，吴国斌认为自己没有弄虚作假。

业务刚开始时，吴国斌给筛选好的公司挨家挨户地打电话、发信，如果对方表达了有一点意愿的，他就会亲自上门咨询拜访。一般来说，这样的操作基本是无用的。怎么办呢？对了，吴国斌想，“百闻不如一见”，他将一些设计的理念用电脑画出，有了视觉形象，客户就容易理解，理解了就会接受。吴国斌的专业定位是帮助中小企业改进产品设计。他现在是自己创业，直白地说就是个个体户。吴国斌知道现在自己不可能拿到大公司的生意，所以，先从中小企业入手才是最可行之道。

有一次，吴国斌到南通一家社办企业介绍自己的业务，强调自己的设计会给他们带来的好处，而这些好处不仅给他们的企业带来经济效益，而且能扩增产品的名声。还是生意场上的老套路，酒过三巡，菜过五味，吴国斌在饭桌上高谈阔论：“美国人注重创新，然后靠专利发财；日本人则喜欢在别人创新的成果上再精益求精，有时候，这种精益求精变成了二次创新，比如，美国人发明了电脑，但是，日本东芝率先生产出手提电脑；而我们中国人喜欢实用，花生米用报纸圈成一个三角形，包一包就好了，再看日本的麻薯，你要剥开好几层包装才能见到其真容，小而精体现价值，获取大利润。为什么？我们中国人不像日本人那样小家子气，我们讲中庸，不可太少，不要太多，但我们要学日本人的精致，宁少毋滥；要学美国人的创新，尽量打开自己的脑洞；要学德国人的严谨，生产要按规章制度来，按部就班地进行。不折不扣，当然不等于墨守成规……”一番宏论说服了社办企业的经理和党支部书记，他们给了吴国斌第一次试手的机会。吴国斌想，至少今年公司能混过去了。

创业之时，吴国斌对各种事物都很上心，以期能发现机会和灵感。有一次，吴国斌到西藏路浏河路的花鸟市场闲逛，看到有一堆人围在一起，不知道他们在干什么，便挤进去看，原来这些人是围观斗蟋蟀。吴国斌从装蟋蟀的瓦罐和喂水、食的瓷器中受到了一些启发，就开始思索，他边走边想，看到有个卖瓷器的摊子就蹲下研究起来，那是喂养蟋蟀的小摆件，蟋蟀可以在像抽屉一样拉伸的食盒中“串堂而过”。他将小瓷器拿起翻看，瓷器后面印有“山东淄博瓷器”字样。吴国斌又来到了卖鸟的铺子观看喂鸟的小器具，他想，如果饮水的瓶子能设计成喂鸟和蟋蟀饮水进食类似的样子，是否有实用价值呢？如果在瓶口做文章呢？吴国斌回家后开始研究各种瓶口，塑料的、玻璃的，他向厂家推销自己设计的作品，他说，现在国外很多饮料罐、瓶的开启装置不外乎提拉式、旋转开瓶法、拉伸式等，但是很多人喝几口就不喝了，剩下的饮料往往因为保存不当而浪费掉，因为饮料和空气长时间接触后，再喝时口味不一样了。他建议厂家按不同的需要设计安排容量，这样，同样数量的货物可以多卖一次，但是，这样多制造了塑胶垃圾，那么可不可以在瓶内再设计一个瓶胆，就好比是隔层。如果第一层（部分）喝光了，就可以用扭转或捏挤或拉伸等动作来开启另一部分，这样再喝时，饮料的品质能够得到保持，同时可以减少浪费。这个想法居然得到了一家民营饮料厂老板激赏，认为可以试试，于是，吴国斌将自己的设计又卖出去一次。

当他和汤姆谈起这些时，汤姆讲："阿哥，你的主意不错，但是，光靠卖设计是不够的。如果你将设计的各式瓶盖交给我来生产，再提供给各个厂家，按需生产和发货，那不是赚得更多吗？"吴国斌觉得有道理，因为这个理念也可以用在酒瓶生产中。比如，在酒瓶里装一只瓶胆，喝不了的酒就可以保存更久，而且，吴国斌更认为，人们可以通过酒瓶盖形状的不同来辨识酒的烈度。比方，五十度的烧酒使用圆瓶盖，五十五度的高粱酒就可以采用六角形瓶盖，如果是过六十度的白酒，可以设计成八角形的瓶盖，反正瓶盖的底下部分是雷同的，不同之处只在瓶盖的上半部分，便利之处是不需要再看标签，只看瓶盖就知道了酒的度数。汤姆自从有了炒国库券期货赚到的钱之后，经朋友介绍，在广东中山盘下一个原来以生产出口玩具为主的企业。厂房没有问题，汤姆只要再添置些机器设备，完全可以生产吴国斌设计的那些产品。"肥水不流外人田"，汤姆跟吴国斌开始相处时根本没有想到，两个人不仅混熟了，还混成了亲戚，现在又成了生意上的合作伙伴，吴国斌应允了汤姆的提议。

吴国斌的办公室现在已经搬到马当路、淮海中路之间的一栋大楼内，两开间加一个厅，似乎有了公司的模样。

生意走上正轨之后，吴国斌开始参加行业会议。一次他从周庄开完交流会，回沪之后就开始发烧。因为烧得比较厉害，他不敢掉以轻心，就去了医院看病。吴国斌只是患上了重感冒而已，医生给他开了处方，嘱咐他多休息，多喝水。吴国斌去医院的药房拿了药，放在自己的包里。等回到家时，他发现装在小纸袋里的药片有好几片散落在包里。吴国斌马上有了灵感：为啥药片不可以装在更加好一点的瓶、盒里呢？他研究了一番，设计了一些装药的瓶子和盒子。吴国斌认为，有些药只需服用三天，有些药要服用一个礼拜，甚至两个礼拜，更有些老年人需要长期服用一些特定的药物。对老年人来说，有时会忘记或误记吃药的时间和日期，服了药以为没服过，没服过以为服过了，如果是一日要服药两次或者三次、四次，他或许还会忘记或者误记服药的时间。所以，如果在药的包装上印有周一至周日字样，那么，如果用药的开始日子是周三，就先启封周三的密封锡箔纸，这样就不会怀疑自己今天到底有没有吃过药了，以此类推，这个设计可以减少误服的概率，对老年人是绝对有帮助的。这样的设计是让药丸密封包装，一版七颗药为基本单位。如果是一日服用三次的药，一版可以排列出早、中、晚，仍是一版密封药。如果是使用药瓶或药盒的，盖子也可以有点讲究，比如，为了安全起见，药瓶盖不可随意就被开启，尤其装有药性强烈的药瓶（盒），这样可以避免孩童不当心误食；但是药瓶、盒又不可以设计得太复杂，比如，装救心丸之类药物的药瓶，如果设计太复杂了，在紧急情况下，万一打不开药瓶或药盒，不是要急死人吗?！对此类药罐、瓶、盒的设计既要能开启容易又要顾全其安全性。吴国斌设计了几十种各式药瓶和药盒的盖子，他又在颜色上动心思，比如，女性药品可以用粉红色表示，这样，用不着看字就知道是女性用品；又比如，剧毒性药品可以用黑色表示；其他危险药品可以用红色表示；营养药品可以用绿色表示，男用药可以用天蓝色表示，如此等等。这样吴国斌就给自己的设计列了一个表：

| 用药人群 | 颜色区分 | 备注 |
| --- | --- | --- |
| 女性药 | 粉色 | |
| 男性药 | 蓝色 | |
| 儿童用药 | 嫩绿色 | |
| 老年用药 | 鹅黄色 | |
| 外用药 | 紫色 | 按人群混色，如粉红＋紫，各半，为女性专用外敷药 |

（续表）

| 用药人群 | 颜色区分 | 备注 |
| --- | --- | --- |
| 毒性强烈的药 | 黑色 | |
| 开架无处方药 | 白色 | |
| 传统中成药 | 加红色戳记 | 品牌中药加两个以上戳记 |
| 非药物营养类补品 | 淡黄色 | |

……

在药瓶药盒的形状上，吴国斌也花了时间研究出一套适合于不同药物、不同人群的药瓶和药盒。吴国斌完成设计后就开始走访医院和药厂，因为有些医院自己有研发的药物，这些药物被经常使用但不公开销售，它们只提供给来本院就诊的病人。比如，有一个人民医院的胃药非常好，如果能改进药物的包装，完全可以得到药物局批准成为可以销售的药物，这样做不仅让更多人受惠，也可为医院创收。如此这般，吴国斌找到了好几个客户。1990 年代时，有一阵“关停并转”的风潮，正好无锡有一家大集体企业要出手，吴国斌就通过融资将它盘下，并开始自己生产这些药盒和药瓶中的部分产品，而且所有设计他都申请了专利。经过一段时间的努力，吴国斌有了十分稳定的基本收入。此时正是老东家要卖房的时候，吴国斌的资金刚投资了新设备以及厂房改造，手头一时有点紧，他的小舅子汤姆就慷慨地送了他 100 万元。

吴国斌汏了浴，整理好自己，想到卿卿在思南路上买到了花园洋房，他真替卿卿高兴，做幼儿教育的，场所十分重要，因为周边环境、居民的职业等等原因，思南路应该算是理想的办幼教的地方。吴国斌把胡子刮好，头发整理得好像要去演出一样，他今天特地穿上了新衬衣、新裤子、新皮鞋、新袜子。吴国斌锁上了门，准备赴约，他按了电梯下行的按钮，一小会儿，电梯门开了，兴高采烈的吴国斌期待着和卿卿的这顿饭，内心里他更加期待的是卿卿对他的感受。到了六楼，电梯停下，门自动开了，进来一个打扮入时的女子，身上散发出诱人的香水味。真时尚！吴国斌眼睛一抬，又是无巧不成书。这个女子不是别人，是王晓萍！真的就是她！

20世纪八九十年代是很多中国人创业的年代。王晓萍回国之后第一件事就是和她的弟妹开家庭会议，现在她对餐饮行业算有一定的了解，在家庭会议上王晓萍说："我是走过弯路的人，但是生活教会我一些道理。做人一定要自强，否则无论到什么地方都是没有出息的。王晓玲，你现在还不错，有工作做；晓军当过兵，也有一份工作。就是晓勇，你现在东奔西跑不是长久之计，今后就帮我把餐馆做起来。餐馆的名字就叫'为民食品公司'，我们只做外送食品，不做堂吃。"弟妹听大姐这么说，虽然受到鼓舞，同时怀疑姐姐是否真能把这个食品公司做起来。王晓萍则坚持认为不试不知道。她知道自己染病在身，不适合亲力亲为地辛劳，所以，生意定位就是用做菜馆的方式开办食品公司。她租了一间大的店面房子，并将其改造成大灶间，同时请了两个厨师，利用电脑管理客户和出菜。王晓萍注重食品的包装，服务对象主要是办公楼职员，学校的师生和各种企事业单位的员工。为什么王晓萍能够寻觅到这样的客户？一般机关单位不是有自己的食堂吗？没错。但是，本单位食堂吃多了会吃腻的，有时，人就想换一下口味。为民食品公司就趁机拉到这些客户；其他的生意机会也是有的，比如，很多学校会组织踏青远郊，或者搞其他集体活动，这种活动不仅多，而且每年有，学生如果能在参加这些活动时吃到有特色的食品，会格外高兴，这也会成为他们参加活动记忆的一部分，王晓萍的为民食品公司就是寻找这样机会。当时，国内市场的食品包装，尤其是外卖食品包装还不是很成熟，王晓萍凭借自己的经验逐渐占据了一部分市场。她认为，为民食品公司要将食品送到车站、码头和百货市场，这样做才可以持续性发展。现在她的职位对外是董事长，她弟弟做总经理，一般商务活动由她弟弟出面。为民食品公司通过广告，口口相传，生意越来越好了。公司附近的居民也想尝尝鲜或图方便，就近下单，随后带走，一如现在的外卖。公司便专门设立了一个提货的窗口，居民就可以随时提领预定的食品。公司的销售慢慢地变成百分之八十集团供应，百分之二十散客服务。王晓萍的启动资金就是她带回国的几十万美元。现在，公司有盈利了，想到当初对复兴公园这一地段比较熟悉，王晓萍就托地产经纪买下了一套公寓。

“噫，你怎么会在此地的？”吴国斌有点惊奇。

“我就住在这里呀，在六楼，我买房了。”王晓萍见到吴国斌也有点惊讶，但是马上平静下来。

“你，你不是在美国吗？什么时候回来的？回来多久了？现在在做什么？你老公也跟你一道回来了？你什么时候买的房子？”吴国斌有一连串的问题要问王晓萍。这个太出人意料了，太出人意料了。

王晓萍说，“我回来有一段时间了。房子半年前托经纪介绍买的。”她反过来问吴国斌：“你怎么也在此地？来办事？寻人？”

吴国斌兴奋地告诉王晓萍，“我也在这里买了一套房，我做办公室用。那么太好了，我们现在做邻居了。”

王晓萍感觉有点意外地说：“怎么这么巧。”她似乎想起什么似的，说，“那么下次有机会再聊。我现在赶着出去，有点事。”

吴国斌见到卿卿后，就将刚才碰到王晓萍的奇遇讲给卿卿听了，俩人都觉得有点不可思议。卿卿问，“真的蛮扎劲[①]的。你还听说什么啦？”

吴国斌想了想，说：“对了，还有桩事体也是天方夜谭。”

卿卿眼睛告诉他，“什么？”

吴国斌继续道：“你晓得小蔡师傅吗？就是下面大堂里的门卫？”

卿卿点点头。

吴国斌说：“前两天碰到我，聊天时告诉我戴维斯·里德的老婆的故事，真如天方夜谭一般。”

卿卿问：“怎么回事？”

吴国斌复述小蔡告诉他的故事，说：“戴维斯老婆，就是满头银发还戴眼镜的那个白人老太。她在大学里找到一份外教工作。你想想，先不说一个理工科的大学，开什么 MBA 班呢？算不算不务正业？这说明校长比较急功近利，太没定力了！这个再说，先讲戴维斯老婆，正宗美国人，可是，她的学历在中国一流大学里教英语，本身资历上不一定就合格，嗨，反正有蓝眼睛、黄头发就好了。闲话少说，戴维斯老婆毛七十岁了吧？教英文，教来教去，看上一个中国男学生了——到底是这个男学生看上她还是她看上这个男学生，先不去管它，反正两个人好上了。老太还对人说，她

---

① 扎劲：有意思。

爱他，他那么 cute（Q 特），那个小伙子讲，爱情是不讲年龄的。这下将戴维斯老头弄得灰头土脸的，我们大家经常听到和看到的都是外国老头找中国小姑娘，还没见过外国老太找中国小伙子的！你说，是不是属于传奇一类的故事？那么好哉，戴维斯就到他老婆的学校去告状，这种事情学校领导也从来没有碰到过。一般只有美国老甲鱼找中国小姑娘的，要么开除老太和小伙？可是，这是人家私事，万一闹出什么人权之类的名目，不是把事情复杂化了吗？啧啧，搞不懂！”

卿卿笑问：“那么，戴维斯后来怎么办呢？”

吴国斌：“我也不大清爽，听小蔡讲，他辞职回美国去了。一个人走的！”

卿卿评论道：“这个倒是蛮滑稽的，可以拍电视剧了。”

讲到拍戏，吴国斌就想起了郭俊，就打听。卿卿告诉他：“郭俊也回来了，现在当制片了。”

吴国斌说：“真的啊？那么，他拍了什么电影了？”

卿卿说，“电影倒是不大晓得。听他的姆妈讲，现在他就是专门拍中国即将失传的文化，古迹之类题材的东西。他太太做导演，他自己做制片，蛮有成就的。”

“噢，有出息。我前几天和方宇联系上了，他现在在大学里做教授，教C＋＋之类的计算机课，也蛮有成绩的。”

卿卿说：“看到大家都混得不错，心里蛮开心的。”

吴国斌接着话头：“就是讲啊。我也对你买下思南路房子感到老高兴的。来来，庆祝一下。”他拿起酒壶，为卿卿倒上了五加皮酒，一阵酒香扑鼻而来，夹带着卿卿秀发上的香味和令人舒畅的心情，吴国斌觉得有点酒不醉人人自醉的感觉。卿卿实际上也忽然对吴国斌有了一种奇妙的感觉。以前好像不曾有过，可能是爱上他了！卿卿心里在想。

“我觉得这个蛏子的味道真鲜美。”卿卿评道。

吴国斌附和地说：“是，这个就是宁波菜的关键。海鲜海鲜一定要鲜。我不是宁波人，但是我们的宁波邻居三天两头烧好小菜，馋死人的。你知道吗，以前有一种蟹，叫沙蟹，小得一咪咪的，现在看也看不到了，特别好吃，真怀念。”

卿卿回应道：“是呀。我小时候也吃过的。现在可能环境不好了，到处看，看不着，怀疑绝种了。”

两个人聊得很投机，卿卿就又问吴国斌：“那你人在上海，厂在无锡，很不方便的。”

吴国斌说：“你放心。我现在聘到一个专业管理人员做厂长。我只要一个礼拜去三天，基本没有大问题。而且，公司还要发展，准备改成医疗设备厂，提高档次和规模。”

卿卿问：“什么时候能够完成？”

吴国斌想了一下：“最快，……估计要明年才可以。”

卿卿说：“明年就是 1999 年了，正好赶在千禧年到来之际，很有意义。”

吴国斌说：“你不讲，我倒忘记哉。那么这样好了，明年 12 月 31 日，我们弄个派对，叫同学都来聚聚，场地费我来出，就在我们以前开派对的地方，你还记得吗？你看怎么样？”

卿卿高兴地赞同说：“那太好了。可以筹划筹划。”

吴国斌回忆道：“还记得当初我们要找一首新年应景的歌曲都找不到，只好你上台去写毛笔字。现在我发觉，有一首歌蛮应景的，要唱一唱。”

卿卿马上接口，“《新年祝》”。

“对。”吴国斌回道。

他们一顿饭吃了两个多钟头，都有点醉醺醺的意思了。卿卿就说：“反正顺路，我们叫部差头①好了。”

吴国斌马上同意了，拦了一辆出租车，两个人上了后排座位，车子往重庆南路、复兴中路方向开去。司机是个小年轻，车里播放着时下流行歌曲，卿卿的手无意识地碰到了吴国斌的手，于是她握住了它。

---

① 差头：出租车。

# 14

卿卿在日本早稻田大学上学时没有感到太多的压力。首先，因为她有语言基础。要知道有语言基础这句话说起来容易，实际它的分量不轻。因为日本语言关的考试及格分数线不是60分，而是90分，你就是考个80分还是不及格，一定要考到90分以上才算及格；第二，卿卿没有经济压力。除去奖学金外，卿卿在早稻田大学附近的幼稚园找了一份工作，幼稚园园长一听卿卿是早稻田的幼教博士生在读，当然十分欢迎。卿卿需要弥补的是第二外语，她在国内读书时第二外语选的是英语，可是要拿博士，第二外语的考试还是挺重要的。所以，除了专业课程，她花了很多时间学习英语。

在日本两年之后，卿卿还在寒假时回过上海一次过春节。总起来说，卿卿能够在一定层次上理解日本人的一些作为，卿卿的论文主要就是研究中日幼儿教育的异同。她在比较了中日儿童教育种种雷同与差异之后在论文中指出：

（1）日本幼儿的集体生活理念实际在中国早已存在，因为中国的社会结构自然而然地让儿童拥有这样的环境，比如村落之间、城市局促空间所造就的特殊邻里关系，让儿童自然而然地有过集体生活的经验，反而是近年来，中国儿童有点与“集体”生活脱节了，独立的空间和生活习惯的改变是重要因素之一；另外，独生子女也是一个原因，这便是社会结构变化所导致的结果。总的说来，幼儿时期的集体生活经验在幼儿的成长过程中十分重要，有过集体生活经验的孩童在荣誉感和团队合作上要比没有如此经验的孩童强很多。这是儿童心理健康的重要环节。有了心理健康，智力开发才有更好的铺垫。其次，团结互助，以前在中国这是人们在社会活动中的必需品，无须赘言，这也是和社会环境变化息息相关的。在早期的中国农村，儿童要帮助父母下地劳动，从那个时候开始，他们就开始接受父母的价值观；在城市里，中国双职工父母多，大一点的孩子帮助父母管理照顾幼小的弟妹是理所当然的。独生子女让这些孩子失去了这样的“工作”机会，所以，良好的家庭和社会环境对儿童的独立和自律是有帮助的。卿卿通过在日本幼稚园的工作，列出了详细的数据，通过电脑软件对数据的处理，得出结论并提出了自己的办学理念：因人施教和因材施教，只有和具体被教育对象结合起来才可以达到更好的效果。要让学生，讲得具体些，主要是小学生，走出校门，接触社会，才可以培养他们从小学会应对社会上各种现象和环境的能力。卿卿写道，当人们欢呼科技进步给人类带来便利的同时，我们是否思考过科技发展给人类带来的伤害？原来不是问题的问题现在成了需要研究解决的问题。她举例说，狼如果离开了狼群就变成了孤狼。孤狼对月狂吠，实际折射出它心里的孤独感，一般孤狼的寿命比群狼短。人亦如此，因为人类是群居动物。这一段是简单勾勒了儿童少年德育的养成。

(2) 卿卿在第二部分，用心理学理论分析了儿童和少年心理健康和智力发展的关系。她认为，现下考试有的试卷有过多的打勾题，这对年纪小的学生是十分有害的。因为这样的做法虽然帮助了老师批改学生作业，但是，学生往往知道题目答错了，却不知道错在何处，这是方便了老师、害苦了学生的办法。卿卿说，如果学生能将答题过程写出来，就可以知道自己错在何处。有时候，学生是因为疏忽出错，答题的过程是对的，思路也是对的，这时，学生只需要培养自己的细心或者答题技巧就可以了；如果答题的整个过程是错的，那么就说明，思考解答问题的思路有问题，或者是对这方面的知识还没有完全理解或理解错了，我们知道了症结所在，就可以有的放矢地针对难题加强某一方面的学习。所以，打勾题只应占全部考试题的一小部分，老师们应该更注重问答题。卿卿这一观点的理论来自心理科学对人脑功能的描述。她说，小孩子的外周神经系统①有躯体神经系统（动物神经系统）和自主神经系统两种。前者可以通过意识控制人体肌肉的运动和适应外界环境；后者是末梢神经，可以控制人体的心肺和其他内脏，而这正是人体对外界压力做出

① 外周神经系统(Peripheral Nervous System)：由人体中所有其他神经组成，只要是未被包裹在骨骼中的神经。它包括两大神经系统：躯体神经和自主神经系统。

的反应的那一部分，也是学生抗压的神经系统。丘脑、下丘脑、杏仁核和海马体[①]是分别具有接受人体信号、调节人体温度和摄食行为、影响人们情感和记忆的部分。让孩子们在年幼时得到适当的学习和社会经验会对孩子们今后的成长有好处，比如脑子的额叶具有十分重要的作用，它有预测结果，逻辑推理、追逐目标和控制感情等等重要执行功能。其他脑部位如脑的顶叶具有将身体接触外物时的信息传给脑子的作用，所以人们才能对物体的重量、材质和模样进行识别；枕叶具有将人体眼睛摄入的任何视图转换成图片传送给脑子的功能，它与听觉系统的合作相当重要；颞叶具有将外界声响转换成音频通过耳朵传给脑子的作用，主要指听觉、语言理解和记忆以及精神方面的功能。无论是头脑哪个部位，幼童们的年龄正好处在脑子的发育生长期，具有很强的可塑性，多让它们接受不同的信号就可以刺激大脑皮层的发育。所以，让孩童养成爱思考的习惯是做问答题而不是做选择打勾题。

(3) 关于孩童的归属问题。卿卿认为孩子是父母生育的，但他们与父母和家庭的联系一般在 18 至 25 岁开始脱离或部分脱离，当然这是因人而异的，总起来说，从那个年龄段开始，他们便属于社会，属于国家，属于民族。所以，培养儿童，不只是家长的责任，也是社会和国家的责任。她认为，现在的孩子身上有一些以往孩童没有的坏毛病，社会负有相当大的责任。比方，很多孩子被“囚”在家里，是因为家长害怕孩子会被拐走、绑走、骗走，社会不像以前那么安全的缘故。那时，孩子们可以“任性”地随便游走，可以在大街上踢足球、踢毽子，玩各种孩童喜欢的游戏，甚至是做一些“违法”的事情，比如翻墙、恶作剧等等。这些都是孩子成长过程中会出现的状况，问题不在于此，而在于社会和家长的引导和教育。通过这样的教育，纠正孩子的世界观、是非观和人生观。一味地把孩子圈在某个特定的场所，孩子便失去了某些作为孩子天性的本色，这对孩子成长不一定是好事。

卿卿博士毕业后，原来想留在日本，可是，她姆妈身体不好，卿卿是个孝顺女。原来在读博时，她也交往过一个日本博士生，本来有留在日本的

---

① 丘脑、下丘脑、杏仁核和海马体均是人体前脑的组成部分，前脑的大小也是人与动物的主要区分部分。因为前脑让人有思想和推理能力。

打算。想不到，双方家长都不同意这桩婚事。浪漫的交往很短命地结束了。母亲希望她回去，卿卿就乖乖地回来了。身体回来了，但是梦想还没实现，她心里总有不如意的感觉。经过几年的筹备，总算开办了自己的幼教学校，现在学校又走上正途，有了自己的（校）园址，也算实现了自己的初心。

卿卿从日本回来之前就已经得知了吴国斌和汪颖的故事，虽然心里并不因为吴国斌和汪颖分手有一丁点的高兴，但是她觉得冥冥之中似乎有什么暗示。她想，是不是吴国斌命里有这样的一劫？她虽然有对吴国斌的好感，但是说爱似乎有点勉强。这种说不清道不白的心理，使她有一种走一步看一步的心态，她并不着急向吴国斌表白什么或是等待吴国斌向她表白什么。两个人只是交往着，也许他们都在为事业打拼，知道对方都没有找人，心里似乎有了一种默契。现在，天如人愿，在吃饭的时候，卿卿忽然间心窦产生出一种爱意，她望着吴国斌滔滔不绝地向她讲述自己的未来和吴国斌看自己的眼神，卿卿觉得自己和吴国斌的缘分到了。

# 15

时光荏苒，千禧年快到了。原来计划举办千禧年聚会的地点是在歌厅，吴国斌在联系“大头丁”时，丁荣主动提出可以帮忙。丁荣现在拥有16家酒店，据他本人所言，都是三星级以上，因为这个等级的旅店是最大众化档次的产品，客源多。四星级也有，比如上海两间，一间在浦东，一间在浦西；北京两间，广州一间，东莞一间，重庆、成都和西安各一间，南京一间和青岛一间都是四星级，其余是三星级饭店。丁荣对吴国斌说，在自己的酒店举办派对的好处多：第一，气派，酒店当然比歌厅上档次；第二，方便，酒店有厨房，比较方便；第三，这次聚会，有的同学都拖家带口，要有休息地方，而且，万一有人醉酒了，深夜不方便，那么，他们可以在酒店里舒舒服服过一夜，不必半夜还要打的回去，最重要的是可以省去场地费用。吴国斌觉得丁荣的提议实在太好了，求之不得啊。

公元1999年12月31日晚上，大都酒店的一间中厅里，同学们聚在一起。拥抱，握手，每个人都兴高采烈。这个聚会确实是不大容易的，也是因为有千禧年这个理由，大家图个吉利纷纷出席。吴国斌认为，要不是有千禧年的名头，出席率可能会打折扣的。有的同学带先生（太太）和小囡一起来，看起来挺热闹的。吴国斌碰到钟盛，才得知他现在在铁路局工作，是负责高铁项目上海段的副总工程师，他也已经成家，今天就是带着太太和小孩一起来参加聚会的。郭俊因为是搞艺术的，所以被选为聚会的主持人。他的太太就负责安排和导演聚会的各种事项。

大家聊过、喝过，吃到差不多的时候，郭俊上台了。

“我现在向大家宣布一个重要事情：经过二十来年的努力和奋斗，我们的老同学吴国斌，就在今天，此时此刻此地，和我的表妹卿卿订婚了。”因为都是认识的熟人，大家一阵鼓掌和起哄，郭俊示意大家听下去：“想当初，吴国斌同学为了追求我阿妹，假惺惺地请我去大庆剧场看演出，看完演出后就贼头狗脑地向我打听我表妹的动向。没想到，今天终于让他得逞了。”

大家哄笑。

吴国斌跳上台去，抢过郭俊手里的话筒，对郭俊说：“阿哥啊，你今天来拆我台脚啊。”他转对其他同学说，“我声明，打听是有过的，不过是光明正大的，没有像他讲的‘贼头狗脑’。”

下面有人起哄，“有啦，有啦。”

这时，方宇走上台来，拉过吴国斌的手腕，以便让话筒对着自己，说：“我要揭发一件往事。实际，蝈蝈动卿卿的脑筋早就开始了。有句话叫不怕贼看见，就怕贼惦记啊。”

同学又起哄，大家嚷着让吴国斌和卿卿亲嘴。吴国斌说：“亲嘴的节目下次安排，今朝就抱一抱吧。”

方宇拉着卿卿上台，卿卿一边往上走，一边不好意思地摆脱方宇的拉扯。等卿卿上了台之后，吴国斌单膝跪下，从口袋里拿出一个精美的首饰盒，郭俊上前帮忙打开，捧着，吴国斌拿出一枚钻戒给卿卿戴上。郭俊就请蒋树宝赶紧上台来作见证人。蒋树宝现在在大学里教党史。他原来是学清史的，但是他觉得有关清朝的电视剧和小说泛滥，真正的清史学术成果反而被人忽视了，而且研究清史的人太多，在他导师指点下，他转向研究起中国当代史，在大学有了教职之后，他被分配去教授党史。他介绍说：“卿卿同学真有福气，蝈蝈同学的订婚戒指是花了大钱了，这表现了他的诚意。这是一套戒指，是蝈蝈给卿卿的订婚信物，注意噢，同学们，是一套，不是一枚。这一套四枚的钻石戒指，我向大家介绍一下，第一枚红玉髓戒指代表夏天，外面包的是红玉，中间是一克拉的钻石；一枚翡翠的戒指代表春天，中间也镶有一克拉晶莹剔透的钻石；一枚宝蓝色的戒指象征秋天，外面的蓝宝石是非洲产的，中间也是一克拉钻石；另一枚，就是现在戴在卿卿手上的是白玉戒指，白玉中间镶有一克拉单钻戒指，代表冬天。阿拉蝈蝈表示，他对卿卿的爱一年四季都像钻石那样晶莹剔透，季节可以变化，钻石永不变色。”

下面有人啧啧道：“台型[①]扎足，四枚戒指就是四卡拉钻石！”“结棍。

① 扎台型，沪语，有面子的意思。

蝈蝈现在有钞票啊。”

郭俊大声宣布:“他们是有情人终成眷属。祝他们早日完成大礼,步入人生的新阶段。”

吴国斌和卿卿今年都刚好四十岁,经过这么多年的风风雨雨,现在终于修成正果,两人不由自主地再次相拥在一起。因为此地离外滩近,此时,外面传来了放烟花的爆鸣声,《新年祝》乐曲声响起,伴随鼓点的欢快节奏,传来了群体的歌声:

家家门前贴对联呀,明天生活更香甜;
人人欢歌贺新岁呀,国强民富万万年。
啦啦啦……

外滩的钟声传来,时间正好到了十二点,千禧年来临了。

**图书在版编目(CIP)数据**

雁荡大厦 / 冯纪宁著.—上海：文汇出版社，2022.3

ISBN 978-7-5496-3740-9

Ⅰ.①雁… Ⅱ.①冯… Ⅲ.①长篇小说—中国—当代 Ⅳ.①I247.5

中国版本图书馆CIP数据核字(2022)第043555号

---

**雁荡大厦**

著　　者 / 冯纪宁

责任编辑 / 甘　棠
封面装帧 / 薛　冰

出版发行 / 文匯出版社
上海市威海路755号
(邮政编码 200041)
经　　销 / 全国新华书店
排　　版 / 南京展望文化发展有限公司
印刷装订 / 上海颛辉印刷厂有限公司
版　　次 / 2022年7月第1版
印　　次 / 2022年7月第1次印刷
开　　本 / 720×1 000　1/16
字　　数 / 135千字
印　　张 / 9.25

ISBN 978-7-5496-3740-9
定　　价 / 35.00元